AF349708

FRANÇOIS JAFFIER,

DRAME EN CINQ ACTES,

Par M. Charles Lafont,

Auteur de LA FAMILLE MORONVAL,

REPRÉSENTÉ POUR LA PREMIÈRE FOIS, A PARIS, SUR LE THÉATRE DE LA PORTE-SAINT-MARTIN, LE 27 OCTOBRE 1836.

PERSONNAGES.	ACTEURS.	PERSONNAGES.	ACTEURS.
FRANÇOIS JAFFIER.........	M. DELAFOSSE.	LE COMTE DE BUSSY.......	M. ALBERT.
M. DURESNEL..............	M. ALEXANDRE.	SCIPION-LE-MULATRE.......	M. ROGER.
Mme DURESNEL.............	Mlle IDA.	JOSEPH..................	M. MOESSARD.
M. DE SARTINES	M. AUGUSTE.	M. DUVAL................•.	M. TOURNAN.
LE COMTE DE MONDOVILLE..	M. CHILLY.	PICARD..................	M. CHARLES C.
LE CHEVALIER DE GONDRE-		GEORGES.................	M. EUGÈNE.
COURT.................	M. ALFRED.	DES ACCESSOIRES.	
LE MARQUIS DE CHABANNES.	M. EMILE.		

ACTE PREMIER.

Dans les jardins de Trianon ; une fête de nuit ; des bruits de danses et de musique lointains. Dans le fond du théâtre, une vue du château de Versailles, éclairé par la lune. Sur le devant, des massifs d'arbres et un berceau.

SCENE PREMIERE.
M. DE SARTINES, M. DUVAL.

M. DE SARTINES, *très-agité*. Quoi ! rien encore, rien de nouveau ? le roi finira par se fâcher... il ne se passe jamais huit jours sans que lord Bentinck, l'ambassadeur anglais, mette cette affaire sur le tapis.... vous verrez qu'à la première occasion, il en fera une question de paix ou de guerre... vous n'avez près de ma personne aucun titre officiel, monsieur Duval ; mais vous êtes en réalité celui de mes agens que j'initie aux choses les plus importantes et les plus secrètes... prenez garde: il y va de ma disgrâce et par conséquent de votre ruine... Il faut absolument qu'on me trouve cet homme... comment, comment ! depuis deux ans qu'il a l'insolence de battre le pavé de Paris, vous n'avez pu lui mettre la main sur le collet? que faites-vous donc? à quoi songez-vous ?... laissez-moi parler, je vous prie... cet homme a des protecteurs puissans, et des ressources infinies ; il meurt aujourd'hui, demain il ressuscite ; aujourd'hui à Rome, demain à Paris..., fort bien, ce ne sont que des difficultés ; trouvez moyen de les vaincre!.. Quoi ! j'ai prouvé au lord maire de Londres, que je savais mieux que lui le nom et la demeure des plus fameux voleurs de la Cité... quoi ! j'ai prouvé à M. de Belling, ministre de la police autrichienne, que j'étais mieux instruit que lui, de tout ce qui se passe dans la ville de Vienne et dans ses faubourgs... quoi ! je croyais avoir fait de la police parisienne quelque chose de plus adroit, de plus habile, de plus universel que l'inquisition d'Espagne, l'inquisition du pape, et le très-célèbre conseil des Dix ; et il y a dans la même ville que moi, peut-être dans la même maison que moi, peut-être à trois pas de moi, un homme qui me brave, un homme qui me raille, un homme qui ne trouve pas M. de Sartines plus puissant et plus dangereux qu'un bourguemestre de la Hollande, ou qu'un bailli de principauté de Monaco ! pardieu, cela est fort ; songez-y !

DUVAL. Je ne songe qu'à cela, monseigneur; mais que voulez-vous que je fasse? vous savez qu'il ne s'agit pas ici d'une arrestation ordinaire !.. Jaffier a bravé pendant cinq ans la marine anglaise et la marine française réunies ; avec votre permission, il n'y a encore que deux ans qu'il occupe votre police ! c'était un enragé loup de mer, qui s'est habillé d'une peau de renard depuis qu'il a mis le pied sur la

6

terre ferme... il dispose d'une douzaine d'anciens soldats de son équipage, qui sont liés à lui par des sermens formidables, et qui resteraient quarante-huit heures sur la roue sans qu'on leur arrachât une parole! il a des agens, comme vous en avez; avec cette différence qu'il sait ce que nous faisons, et que nous ne savons pas ce qu'il fait... je suis tenté de croire que c'est le diable! certainement, il nous fait damner!

DE SARTINES. Mon cher, tout est possible au monde quand on sait faire usage des deux leviers qui remuent le monde : l'intelligence et l'argent. François Jaffier n'est ni invisible, ni impalpable ; par conséquent, vous devez le saisir.

DUVAL. Archimède demandait un point d'appui pour soulever la terre ; donnez-moi un seul indice et j'arrête Jaffier.

DE SARTINES. Il y a quinze jours, un incendie a éclaté dans l'hôtel de M. de Mondoville, mon cher neveu... il attribue cet accident à la négligence de Joseph, un ancien valet de chambre de son père ; mais tenez, je soupçonne, moi, que l'homme que nous cherchons n'y est pas étranger.... voilà votre point de départ. Jaffier nourrissait une animosité toute particulière contre le feu comte de Mondoville ; mon neveu en a peut-être hérité.

DUVAL. Vous avez raison, monseigneur, et votre supposition devient encore plus vraisemblable, si l'on remonte aux sources de cette animosité... Jaffier avait une jolie femme ; votre beau-frère a laissé une réputation d'homme à bonnes fortunes, et quand, sur ses derniers jours, se voyant sans héritier direct de son nom, il lui plut de reconnaître un des nombreux enfans naturels qu'il avait semés de par le monde, nous comparâmes les dates, nous rassemblâmes les souvenirs, et de nos recherches il est sorti cette vérité que le dernier rejeton des Mondoville tient à cet illustre maison du côté droit, et à la maison de Jaffier du côté gauche.

DE SARTINES. Taisez-vous, monsieur Duval, vous me faites mal la cour en rappelant cette malheureuse histoire... sans doute, j'ai regretté que le feu comte ait fait passer à un enfant illégitime une fortune et un nom dont pouvaient hériter les enfans de sa sœur et les miens ; mais ce qui est fait est fait... quoique le jeune comte ait une tache sur sa naissance et une barre dans ses armoiries, il est plein de courage et de noblesse, et nous avons peu de gentilshommes que le roi estime autant que lui... M. le dauphin lui fait tous les jours un accueil plus gracieux, et c'est une parenté qui ne peut manquer de me servir sous le règne du fils, à supposer qu'elle me soit inutile sous le règne du père.... On n'est que trop disposé à me croire son ennemi ; mon intérêt est de lui témoigner beaucoup de tendresse.. ne vous avisez donc jamais de faire la moindre allusion à des événemens que j'oublie, moi tout le premier... Léonce est fils de M. de Mondoville, cela suffit ; ni lui, ni le monde ne doivent savoir quelle est sa mère.

DUVAL. Que je sois déshérité de vos bontés, monseigneur, si je l'ai jamais nommée à une autre personne que vous !

DE SARTINES. Assez sur cette affaire ; occupez-vous de Jaffier, et songez que dans trois jours il me faut un rapport où j'apprenne quelque chose de nouveau... Voici maintenant l'ordre que j'avais à vous donner... allez dans la galerie des Muses au jeu du roi ; faites demander M. Duresnel, le receveur particulier des fermes, et dites-lui que je l'attends... faites cela secrètement, monsieur Duval !.. je serai sous ce berceau ou dans le pavillon qui est à deux pas d'ici.

(Duval s'éloigne ; entre un laquais en grande livrée royale.)

UN LAQUAIS. Monseigneur, la liste des personnes masquées qui sont entrées pendant cette dernière heure.

DE SARTINES, *le congédiant.* C'est bien, on n'entre plus. (*Il s'approche d'un arbre illuminé et lit.*) De onze heures à minuit sont entrés dans les jardins après s'être nommés suivant l'ordre : M. le duc de Luxembourg en dieu Mars ; oh ! oh ! M. le duc de Lévis, en roi David ; c'est juste, un cousin de la Sainte-Vierge ! M. Cazotte en astrologue ; c'est le Jérémie de ce temps-ci... hum, hum... M. de Pombal et une personne de sa suite en chevaliers de Venise. Qu'est-ce que M. de Pombal ? ah ! ce seigneur napolitain qui est nouvellement attaché à l'ambassade : c'est bien. (*Il se promène et rêve.*) Ah ! que de choses qui m'inquiètent! ce Jaffier! je donnerais un an de ma vie pour le saisir! qu'il tombe dans mes mains, et mes prétentions sont appuyées par l'ambassadeur d'Angleterre ; il ne faut pas moins pour balancer le pouvoir de la favorite; à moins qu'une favorite nouvelle... cette combinaison réussira-t-elle plus rapidement que l'autre? je ne sais: depuis quatre mois que je m'en occupe, j'ai mené les choses avec adresse, mais je crains que cet homme n'ait bien des scrupules ! il croit à la vertu de sa femme ; il a même conservé pour elle quelque chose qui ressemble à de l'amour!.. toutefois ne désespérons de rien et redoublons toutes mes attaques... le roi veut du secret, c'est un grand point... Quant à la dame, sa résistance vient sans doute de ce qu'elle ne s'est jamais trouvée en présence de la majesté royale... nous y aviserons!.. M. d'Aiguillon, notre cher premier ministre. vous êtes arrivé par les femmes, et je suis obligé de suivre le même chemin ; mais j'espère que la France fera pour moi ce qu'elle n'a pas fait pour vous, monseigneur! en me voyant remplir votre place, elle oubliera quels moyens j'ai pris pour l'usurper!.. J'entends du bruit de ce côté, c'est la voix du chevalier de Gondrecourt et de ses compagnons ordinaires... mon neveu est avec eux sans doute... au diable les importuns !

(Il se retire ; entrent avec bruit quatre jeunes seigneurs, dont l'un porte le costume de capitaine des gendarmes du roi ; les trois autres magnifiquement déguisés.)

SCÈNE II.
GONDRECOURT, CHABANNE, BUSSY, LÉONCE.

LE CHEVALIER. Arrêtons-nous dans ce bosquet, messieurs ; le palais de Versailles n'a jamais vu de fête plus magnifique... mais trop de foule! reposons-nous sous ce berceau où nous respirerons à notre aise la douce fraîcheur de cette nuit.

CHABANNE. Une excellente occasion de parler de nos amis et d'en dire beaucoup de mal !

LE CHEVALIER. Comte , je te présente le marquis de Chabanne, capitaine des gendarmes du roi, joueur comme un chevalier de Malte, discret comme un abbé, libertin comme moi... au demeurant, un de mes bons camarades. Chabanne... je te présente le comte de Mondoville, lieutenant de frégate, au service du roi ; tu lui pardonneras son grand air d'originalité et ses manières de l'autre monde ; il y a été positivement. Il a fait rage, non pas contre les Anglais, notre marine ne se mesure plus avec la leur, mais contre des flibustiers et pirates qui désolaient le commerce de Londres. Depuis qu'il est de retour, je le crois amoureux ; je le soupçonne philosophe ; au demeurant, mon meilleur ami.

BUSSY, *bas à Chabanne*. Il me semblait que le dernier des Mondoville était mort dans la personne du comte Jules.

CHABANNE, *bas à Bussy*. Non, il y a eu adoption, reconnaissance. Le comte n'est pas de la bonne souche : c'est un prunier

enté sur un chêne. (*Haut*.) Il suffisait de prononcer le nom du comte pour nous rappeler qu'il est glorieux à plus d'un titre. Il y a cinq ans, devant la grille de Versailles, un assassin leva le poignard sur notre bien aimé monarque. Un jeune homme, qui se trouvait à la cour pour la première fois, détourna le bras qui allait frapper ; la blessure fut légère. L'assassin, c'était Damiens ; celui qui sauva le roi, c'était vous.

LE CHEVALIER. Et pour prix d'un pareil service, Mondoville ne réclama que l'honneur de servir sur la *Bellone*.

CHABANNE, *s'asseyant*. Aussi le roi ne se regarde pas comme libre de la reconnaissance ; et quand il a lu dans les rapports de l'amiral de Grasse les détails de votre combat avec ce fameux corsaire, ce démon acharné sur les Anglais, ce François... Comment l'appelez-vous?

LÉONCE. François Jaffier.

CHABANNE. « M. de Mondoville, a-t-il » dit, est un serviteur fidèle, et je jure sur » ma couronne de lui accorder la pre- » mière grâce qu'il me fera l'honneur de » me demander. »

BUSSY. Comment diable ce Jaffier n'a-t-il pas été pendu?

LÉONCE. Des hommes comme celui-là ne sont pas faits pour mourir au bout d'une vergue ; il se battit comme un lion ; et je fais des vœux pour qu'il échappe à la vengeance de l'Angleterre !...

LE CHEVALIER. Et à l'ingratitude de la France ! car il n'était devenu chef de pirates que depuis le malheureux traité du 10 février 1763, qui agenouilla notre marine aux pieds des léopards normands ! Pendre François Jaffier ! mais, monsieur de Bussy, il était gentilhomme comme vous, et il avait porté l'épaulette comme M. de Mondoville! Un caractère d'une trempe vigoureuse, et qui avait pris au sérieux l'honneur du pays et l'honneur du métier. Il voulait faire expier aux Anglais, par une suite de désastres particuliers, l'insolence de leurs victoires en bataille rangée ; aussi n'est-il pas un officier de notre marine qui ne professe une haute estime pour son courage ; n'est-ce pas, Léonce?

LÉONCE. C'est vrai.

LE CHEVALIER. Vous ne vous êtes battus contre lui qu'à regret ; mais le cabinet de Saint-James avait dicté des ordres au cabinet de Versailles. Depuis quatre ans la marine anglaise s'épuisait en vaines pour-

* Le Chevalier, Léonce, *assis sous le berceau*, Chabanne et Bussy, *debout à côté d'eux.*

suites contre cet adroit ennemi, toujours invisible et présent ; on envoya contre lui un vaisseau de sa nation... Jaffier ne se défiait pas de la France, et vous ne tardâtes pas à le rencontrer... Ah ! c'est une triste affaire, et les jours de Fontenoy sont loin de nous !.. Mais, baste ! nous sommes à la cour, ce qui est une raison pour ne point parler de politique, et à la cour du plus galant roi du monde, ce qui est une raison pour parler de galanteries !.. Livrons-nous à l'influence des souvenirs qui nous environnent ; et pour dissiper des impressions fâcheuses, qu'un de nous raconte...

CHABANNE, *se levant.* Halte là ! tu cherches une transition pour nous initier au secret de quelque fade aventure... Gondrecourt, mon ami, sois bref*.

LE CHEVALIER. Que je sois marié demain, si je méditais une trahison pareille ! moi, raconter une de ces vulgaires intrigues, où l'exposition, le nœud, le dénouement, sont toujours les mêmes ! Songez donc que nous portons des costumes héroïques ; que cette fête est mystérieuse comme un bal de doge ; que cette nuit est pleine de parfums et de lumières comme les plus belles nuits d'Italie !.. Il nous faudrait quelque récit bizarre, incidenté, romanesque. Ne riez pas, messieurs ; d'après quelques demi-confidences que le comte m'a faites, je parierais cent louis qu'il a une histoire de ce genre à nous raconter.

LÉONCE. Tu perdrais la gageure !

LE CHEVALIER. Non pas. D'abord ton caractère et tes habitudes ne sont pas taillées sur le même patron que les nôtres ; ensuite, tu crois à l'amour, et nous ne croyons qu'au plaisir. Enfin, nous n'avons pas quitté Paris, et tu n'y demeures que depuis six mois !

LÉONCE. Je ne crois plus à l'amour.

CHABANNE. Depuis votre retour en France ?

LÉONCE. Peut-être.

CHABANNE. C'est l'effet du climat. Mais après ceci, comte, il est impossible de vous taire.

LÉONCE. Vous ne trouverez rien d'extraordinaire dans la situation d'un homme amoureux d'une femme qu'il croit pure et qui passe pour telle ; amoureux surtout de cette réputation sans tache ; amoureux à un point qu'il n'ose dire...

CHABANNE. Et cette femme a un fermier-général pour amant ; le fond est

---

* *Les trois autres se lèvent aussi.* Chabanne, Léonce, le Chevalier, Bussy.

connu, mais les détails sont déjà bizarres !. continuez...

(Deux hommes en costume vénitien, noirs des pieds à la tête, passent lentement au fond du théâtre.)

LÉONCE. Soit. Je ne suis pas fâché de vous raconter mon aventure ; vous me trouverez fort ridicule ; et le chevalier, qui est jeune encore, pourra profiter de mon infortune. Cette femme va peu dans le monde, jamais à la cour ; je n'avais aucun moyen de lui parler : mais je la suivais à la promenade, à l'église, et j'avais loué en secret un appartement vis-à-vis le sien.

LE CHEVALIER. Quand je vous disais qu'il a des façons de l'autre monde !

LÉONCE. Ah ! c'est que je l'aimais éperdument cette femme, autant que je la respectais, messieurs ; je trouvais des jouissances infinies dans mes poursuites timides ; j'avais autant de plaisir à la voir, de loin, s'élancer dans sa voiture, que j'en aurais eu peut-être à lui dire : Je vous aime ! que dis-je ? jamais je n'aurais osé lui faire cet aveu, et si mon amour était connu d'elle, mes yeux seuls l'en avaient instruite ! Un jour, elle sortit de son hôtel, à pied, seule, de grand matin, cachée sous un voile et sous un manteau ; elle arriva sur la place du Palais-Royal et monta dans un fiacre ; je le suivis en courant, le cœur tout agité de pensées sinistres, et sûr que ma destinée allait se décider... savez-vous où le fiacre s'arrêta ?.. dans l'une des rues les plus sombres et les plus honteuses qui environnent la Grève, une de ces rues où chaque maison cache un crime inconnu, un égoût vivant de créatures humaines... la rue Geoffroy-Langevin ! Elle descendit de voiture, cette femme que je divinisais ; cette idole que j'adorais en silence, et elle disparut dans une allée plus noire que l'avenue de l'enfer ! je courus au cocher ; il avait ordre de revenir dans la soirée ; j'ouvris le fiacre ; elle avait oublié son mouchoir ! je m'élance sur ses traces ; je franchis deux étages, je m'arrête à la porte où mon instinct me dit qu'elle était entrée ; j'ouvre... et je la vois dans les bras d'un homme qui l'appelait de son nom de baptême et lui disait *tu !* une figure sévère et que je ne voyais pas, ce me semble, pour la première fois ; il s'avança vers moi avec des regards flamboyans ; mais la rage l'empêcha de parler. « Madame, lui dis-je à elle, je vous rapporte votre mouchoir, je vous remercie, adieu ! » elle était presque évanouie... et comme je sortais en riant, j'entendis une voix qui me criait : **Tu entendras parler de moi, Mondoville !**

CHABANNE. Quelle aventure !

LE CHEVALIER, *remontant la scène*. Il y a du bruit dans ces feuilles ; quelqu'un nous écoute !

CHABANNE. Personne, excepté le vent.

LE CHEVALIER. Je vous jure que j'ai vu des yeux briller dans l'ombre !

CHABANNE. Le reflet de ces lampions… une histoire intéressante et tragique, comte ! Il est inutile de vous demander si vous êtes guéri de votre amour ?

BUSSY. Eh non ! c'est à ce propos que le comte veut que nous lui fassions la guerre !…

CHABANNE. Il ne manque au récit qu'une seule chose : le nom de la dame ?

BUSSY. Vous allez nous le dire ?

LÉONCE. Non, messieurs ; je ne veux pas faire une chose grave d'une plaisanterie.

BUSSY. Il faudra deviner.

CHABANNE. Une réputation sans tache ; c'est l'énigme du Sphynx !

LE CHEVALIER. Mais l'adieu de cet homme renfermait une menace ; il ne t'est rien arrivé de fâcheux ?

LÉONCE. Non.

LE CHEVALIER. Tu te trompes ; il y a quelque temps, une partie de ton hôtel a été dévorée des flammes. .

LÉONCE. Un accident qui peut arriver à tout le monde !… tu m'avais mené cette nuit-là à la Comédie-Italienne, et chez Mme Favart !…

LE CHEVALIER. Oui, mais souviens-toi que ce fut une partie improvisée, et que dans ta maison même, on te croyait rentré.

CHABANNE. Allons donc, chevalier, avez-vous peur de ce monsieur de la rue Geof-froy-l'Angevin ? il ferait beau voir que des coquins poursuivissent monsieur de Mondoville qui est le neveu de la sécurité parisienne personnifiée dans M. de Sartines !. le comte aurait pu prendre quelques informations sur cet homme, voilà tout.

LÉONCE. Il a changé de logement.

CHABANNE. C'est qu'il vous craint plus que vous ne le craignez. Rentrons au palais. (*An chevalier*.) Vous ne nous suivez pas, chevalier ?

LE CHEVALIER. J'ai deux mots à dire à monsieur de Mondoville.

(Sortent Chabanne et Bussy.)

SCENE III.
LÉONCE, LE CHEVALIER.

LE CHEVALIER. Te voilà tout rembruni par ton histoire, et j'ai regret de te l'avoir demandée ; mais j'avais un but.

LÉONCE. Lequel ?

LE CHEVALIER. J'avais deviné que tu étais amoureux, et comme tout est commun entre nous depuis fort long-temps, je me figurais que nous aimions la même femme.

LÉONCE. Te reste-t-il des doutes ?

LE CHEVALIER. Ah ! mon cher, ma jalousie n'était pas extravagante ! je serai moins discret que toi….. c'est de Mme de Lalaing que je parle, une flamande senti-mentale ; qui te regarde avec beaucoup de faveur ! c'est au point que pour m'insi-nuer dans sa confiance, je n'ai pas trouvé de meilleur moyen que de me faire passer pour toi : oui, je me suis informé près du vieux Joseph, du domino que tu devais porter à cette fête, et je m'en suis fait faire un identiquement pareil ; doublé de rouge, avec des nœuds et des aiguillettes de la même couleur. Dans une heure, le geai se parera de tes plumes ; je m'approcherai, sous ce tra-vestissement, de la dame de mes pensées ; et je parie que cette méprise…

LÉONCE. Quel projet !

LE CHEVALIER. Tu ne t'y opposes pas ?

LÉONCE. D'autant moins que je m'en irai dans une heure.

LE CHEVALIER. Bravo ! j'attendrai ton départ ; voilà un ami ! ah ! Mondoville, quand trouverai-je l'occasion de me faire tuer pour toi !

(Ils sortent.)

SCENE IV.
DUVAL, DURESNEL, *puis* DE SAR-TINES.

(M. Duval amène M. Duresnel et se retire pour aller chercher M. de Sartines.)

DURESNEL, *seul*. Avec quelle affectation railleuse cette femme que je n'ai pu re-connaître murmurait à mon oreille le nom de Mondoville !… je suis sûr d'Antoinette, et ne puis m'arrêter à une calomnie ano-nyme… il a loué sous un faux nom un appartement vis-à-vis le mien !. je ne suis pas jaloux ; mais je m'en informerai !…

DUVAL, *rentrant avec M. de Sartines*. Monseigneur, voici monsieur. Personne ne nous a vus. Je vais me tenir aux envi-rons… s'il paraît quelqu'un, je frapperai trois coups dans la main.

(Il se retire.)

SCENE V.
DURESNEL, DE SARTINES.

DE SARTINES. Vous êtes-vous douté, monsieur Duresnel, que le billet que vous avez reçu ce matin fût de moi ?

DURESNEL. Oui, monseigneur.

DE SARTINES. L'homme qui vous l'a re-mis ne portait cependant pas ma livrée ?

DURESNEL. Non, monseigneur ; mais il

n'y a dans tout Paris qu'une personne qui prenne autant d'intérêt à mes affaires...

DE SARTINES. Et qui les connaisse aussi bien. Récapitulons, s'il vous plaît, pour voir si je n'ai rien oublié... nous parlerons à voix basse ; ne craignez rien. Vous devez à la compagnie des Indes trois cent mille livres ?

DURESNEL. Tout autant...

DE SARTINES. A moi, cent vingt mille ?

DURESNEL. C'est vrai.

DE SARTINES. A différens particuliers, cent quatre-vingt mille ?

DURESNEL. C'est le compte exact.

DE SARTINES. Total : six cent mille livres. La somme est belle : vous en payez les intérêts ; mais vous venez d'éprouver à Marseille et à Lyon deux banqueroutes qui ont fortement ébranlé votre crédit. Le public n'en sait rien , mais les intéressés s'en doutent. Vous donnez demain une fête qui pourra jeter de la poudre aux yeux de vos créanciers subalternes ; mais , d'ici à huit jours, la Compagnie des Indes exigera le remboursement de ses capitaux, et le syndicat des fermiers-généraux, dont vous êtes l'un des receveurs, vous demandera vos comptes. Pourrez-vous les présenter ?

DURESNEL. Vous savez , monseigneur, que depuis quatre mois il n'est pas de désastre que je n'aie éprouvé ?

DE SARTINES. Oui, vous avez eu du malheur.

DURESNEL. Du malheur ?.. Dites donc qu'une inexplicable fatalité s'est attachée à toutes mes entreprises ! Enfin , mes affaires sont en mauvais état, j'en conviens ; mais il me reste assez de ressources pour m'éviter l'opprobre éclatant d'une faillite ! grâce au ciel, je suis toujours en mesure de présenter mes comptes au syndicat !.. et, quant à mes créanciers, je puis leur donner hypothèque sur la valeur d'un bâtiment chargé d'indigo et de cochenille, qui, d'un jour à l'autre, doit arriver au Hâvre !..

DE SARTINES. Voilà justement où je voulais en venir ! D'où attendez-vous cette cargaison de cochenille ?

DURESNEL. De Calcutta.

DE SARTINES. C'est bien cela. Mon Dieu ! je ne vous apprendrai une si triste nouvelle que si vous me promettez de la recevoir avec fermeté ?

DURESNEL. L'incertitude est pire que tout. Parlez, monseigneur.

DE SARTINES. C'est un revers plus cruel et plus inattendu que tous les autres. Hier matin, un brick, arrivant de Calcutta, a péri, corps et biens, devant le Hâvre. Un courrier, chargé de dépêches extraordinaires, en a donné le premier avis à M. le duc d'Aiguillon.

DURESNEL. Et sait-on le nom du capitaine ?

DE SARTINES. Pas encore.

DURESNEL. Ah ! si c'est le capitaine Lenoir, je suis perdu , et j'ai trop de malheur pour que ce ne soit pas lui !

DE SARTINES. Allons, allons, ne vous laissez pas abattre ! le brick ne venait peut-être pas de Calcutta ; cependant la nouvelle est officielle. Le capitaine ne s'appelle peut-être pas Lenoir ; cependant, il n'arrive pas tous les jours un vaisseau des Grandes-Indes. Je fais ce que je peux pour vous donner de l'espoir, mais il y a de terribles chances contre vous ! Enfin, vous avez des amis, ne vous désespérez pas ! (Il lui prend le bras et continue en se promenant.) Vous avez de l'ambition, monsieur Duresnel ? ce n'est pas un reproche que je vous fais... vous avez voulu arriver rapidement à une brillante fortune. La route ordinaire est si longue ! vous vous êtes jeté dans les chemins de traverse !.. dam ! on s'y perd quelquefois !.. Savez-vous ce qu'il vous faudrait ?... une des fermes-générales du royaume : celle des douanes , par exemple , la plus riche et la plus sûre ; un protecteur puissant engagerait quelqu'un de ses domaines pour former votre cautionnement ; vous feriez vos remboursemens à votre aise, et, dans dix ans, vous vous trouveriez à la tête de cent mille livres de rente ! Que dites-vous de ce plan?

DURESNEL. Qu'il est difficile à réaliser.

DE SARTINES. Il le sera demain, si vous dites oui !

DURESNEL. Et si j'accepte les conditions que vous allez me faire ?

DE SARTINES. A la cour moins qu'ailleurs, on ne donne rien pour rien !.. Monsieur Duresnel ?

DURESNEL. Monseigneur ?

DE SARTINES. Vous avez de l'esprit ?

DURESNEL. Fort bien, monseigneur !

DE SARTINES. Je suis sûr que nous allons nous entendre. N'avez-vous pas remarqué que Mme Dubarry n'est pas aujourd'hui rayonnante et folle comme à l'ordinaire ? n'avez-vous pas remarqué que sa majesté avait l'air étrangement distrait ? La tristesse de madame la comtesse vient de ce que le roi bâille auprès d'elle (je vous dis ceci dans la plus étroite confidence) ; la distraction du roi vient de ce qu'il est amoureux... je ne vous dirai pas de qui..... apprenez seulement..... (*Duval frappe les trois coups.*) Encore du monde ! Ces allées que je croyais désertes sont aussi fréquentées que l'antichambre d'une favo- rite ! venez ; il y a là un pavillon où nous serons seuls et libres d'achever cet entre- tien.

(Ils sortent. Passent des seigneurs et des dames, les uns masqués, les autres en costume de cour. Parmi les premiers, M. de Mondoville. Un homme en vénitien, noir du haut en bas, masqué, l'arrête, et l'amène sur le devant du théâtre.)

SCENE VI.
LÉONCE, UN MASQUE *inconnu*[*].

LÉONCE. Que me veux-tu ? parle.

LE MASQUE. Un moment d'entretien.

LÉONCE. Qui es-tu ?

LE MASQUE. Quelqu'un qui va te donner un avis.

LÉONCE. Un avis !

LE MASQUE. Salutaire.

LÉONCE. Qui que tu sois, ceci n'a pas l'air d'une intrigue de fête masquée. Je ne veux pas t'entendre. Si tu as à me par- ler, viens chez moi ; je m'appelle Mon- doville.

LE MASQUE. Comte de Mondoville, j'ai entendu, derrière ce massif d'arbres, la conversation que tu viens d'avoir avec Chabanne, Bussy et un autre. Tu leur as raconté une histoire terrible.... terrible à cause du danger qu'il y a d'en parler. Trois personnes sont mêlées dans cette histoire : l'une, c'est toi ; l'autre, c'est moi ; la troisième, c'est une femme dont tu n'as pas voulu dire le nom ; ta discrétion te sauve la vie ; ne révèle jamais ce nom ; ne le murmure pas dans l'oreille de ton meilleur ami, dans l'oreille du roi, dans l'oreille d'un prêtre, si tu ne veux pas que la branche collatérale des anciens barons de Mondoville soit appelée à recueillir ton héritage. Voilà ce que j'avais à te dire. Adieu.

LÉONCE. Demeure à ton tour ; si c'est une comédie que tu joues, je t'avertis qu'elle m'offense ; si tu parles au sérieux, qui t'a mis dans cette folle idée que tu pourrais me faire peur ? Ah ! tu me dé- fends de prononcer le nom de ta maîtresse.. tu es donc le plus mortel ennemi de sa ré- putation ?

LE MASQUE, *lui saisissant la main.* Si tu n'es pas le plus mortel ennemi de toi-mê- me, tu ne diras pas un mot de plus!...

LÉONCE. Laissez-moi, monsieur ; je vous trouve bien hardi... Est-ce que vous êtes gentilhomme ?

LE MASQUE. Est-ce que tu l'es, toi, qui viens surprendre, comme un espion, des

[*] Le masque, Léonce.

secrets où l'honneur d'une femme et la vie d'un homme se trouvent peut-être com- promis ?

LÉONCE. Ah! je reconnais ta voix mainte- nant ; je sais qui tu es... eh bien ! puis-je m'effrayer de tes menaces ?

LE MASQUE. Oui, comte, car il n'a pas tenu à moi, que tu ne périsses étouffé dans un incendie !...

LÉONCE. C'est-à-dire que tu assassines ? Tu ne sortiras pas de mes mains, miséra- ble ! A moi ! Gondrecourt, Chabanne, mes amis !

LE MASQUE. Insensé! tu ne vois donc pas que je n'aurais qu'à serrer ta main pour la broyer ? tu ne vois pas que je n'ai qu'à toucher ton épaule pour te faire tomber à mes genoux ? (*Il lui fait plier le genou.*) Souviens-toi !

(Il disparaît.)

SCENE VII.
LÉONCE, GONDRECOURT, CHABAN- NE, BUSSY, *arrivant de différens côtés.*

LE CHEVALIER. Hé bien! contre quels ennemis réclames-tu notre secours ? contre de jolies femmes, sans doute, puisque tu es presqu'à genoux ?.. mais je ne vois per- sonne... ton visage est bouleversé...

CHABANNE. Vous êtes pâle comme un mort... est-ce un étourdissement qui vous a pris ?

LE CHEVALIER. Est-ce un mauvais tour qu'on t'a joué ?

CHABANNE. On aura voulu vous faire peur[*].

LÉONCE. Peur! ah ! vous croyez qu'il m'a fait peur ?

CHABANNE. Mais c'est de l'égarement!..

LÉONCE. Voici qui est surprenant, mes- sieurs. Il vient des personnages étranges dans les jardins de Trianon... Ne l'avez- vous pas rencontré ?

TOUS LES TROIS. Qui ?

LÉONCE. Ce n'est pas un rêve cepen- dant... non, non ; tout-à-l'heure, au mo- ment où j'allais sortir du palais, un homme masqué, noir des pieds à la tête, m'a pris par la main, et m'a conduit ici. J'ai d'abord cru que c'était un ami, mais point ; cet homme, c'était le héros de l'histoire que je vous ai racontée, l'inconnu de la rue Geoffroy-Langevin. (*Il pousse un éclat de rire convulsif.*) Savez-vous ce qu'il avait à me dire ? Il m'a défendu, sous peine de mort, de révéler à qui que ce soit le nom de sa maîtresse, et pour prouver la valeur de ses menaces, il prétend qu'il a mis le

[*] Bussy, Chabanne, Léonce, le Chevalier.

feu à mon hôtel! un accident où la malveillance n'était entrée pour rien, messieurs! je suis sûr de mes gens. Ah! vous m'aiderez à le retrouver, l'insolent! et il me paiera cher ses hardiesses... et puisqu'il m'a défendu si positivement de nommer la femme dont je vous ai parlé, je veux, à l'instant même..

LE CHEVALIER. Arrête, Léonce; il y a dans cette histoire quelque chose de sinistre. Cet homme est peut-être plus à craindre que tu ne penses. Tais-toi, au nom du ciel, tais-toi!.. Nous, messieurs, dispersons-nous, tâchons de retrouver ce masque...

CHABANNE. Sur mon ame, chevalier, tu deviens déraisonnable... votre honneur y est intéressé; Mondoville, achevez: cette femme...

LÉONCE, *remontant la scène.* C'est Mme Duresnel! Mme Duresnel, la charmante créole; la plus jolie femme de la finance, la seule irréprochable, s'il en fallait croire la renommée.!..

CHABANNE. Hé bien? le tonnerre est-il tombé? Mme Duresnel, ah! quelle histoire piquante!.. Vous ne savez donc pas qu'elle a refusé des propositions venant du roi?

BUSSY. Du roi?

CHABANNE. Je le tiens de personnes bien informées. Ah! sa majesté Louis XV a des rivaux dans la rue Geoffroy-Langevin! Pardieu! je vais publier l'aventure, et vous verrez, messieurs, comme je brode un canevas donné! Suivez-moi!

LE CHEVALIER. Messieurs, messieurs... c'est trop!. Pouvez-vous perdre avec tant de légèreté la réputation d'une si charmante femme! Je vous avertis que je me constitue son chevalier, et que je vous donne à tous des démentis formels... Ah! Mondoville, c'est mal; je ne te reconnais pas.

LÉONCE. Chabanne, Bussy, je désire que vous ne parliez à personne de ce qui s'est passé entre nous..... je me suis emporté... j'ai eu tort.

CHABANNE. Mais...

LE CHEVALIER. Allons, allons, Chabanne, soit discret, une fois dans ta vie... que diable, il ne s'agit pas de ta maîtresse... Mme Duresnel a un amant... tant mieux... elle peut en avoir deux... ne publiez pas ses faiblesses... il vaut beaucoup mieux...

(On n'entend pas le reste. Le chevalier reconduit Chabanne et Bussy, et revient à Léonce, qui est resté sur le devant du théâtre.)

SCÈNE VIII.
LE CHEVALIER, LÉONCE.

LE CHEVALIER. Ils m'ont promis le secret, Léonce; mais tu m'as vivement affligé. Il faut qu'il y ait bien de l'amertume dans ton esprit quand tu songes à Mme Duresnel!

LÉONCE. Oui, oui.

LE CHEVALIER. Les menaces de cet inconnu m'inquiètent.

LÉONCE. Plaise à Dieu qu'elles se réalisent, et que je sois délivré de cet insupportable fardeau de la vie... Il peut me tuer sans faire un grand crime... qui me pleurera? ni une mère.... ni une maîtresse.

LE CHEVALIER. Mais tes amis?

LÉONCE. Oui, toi peut-être...

LE CHEVALIER. Allons, allons, faut-il mourir parce qu'on a été trompé par une femme? Jour de Dieu! toutes celles de ce temps-ci deviendraient trop tôt veuves!...

DE SARTINES, *entrant, à Léonce.* J'ai deux mots à vous dire..... (*Au chevalier.*) Vous permettez...

LE CHEVALIER. Comment donc?..... faites. A demain, Léonce! (*En s'en allant.*) Dubois, Dubois, mon costume.

(Il sort.)

SCÈNE IX.
DE SARTINES, LÉONCE, *puis* CHABANNE, LE CHEVALIER, etc.

DE SARTINES. Comte, vous savez combien vous m'êtes cher, et vous prenez toujours en bonne part les avis que je vous donne; je ne suis pas content de vous, et vous ne suivez plus le chemin qui mène aux faveurs de la cour...

LÉONCE. Monsieur ..

DE SARTINES. Je sais ce que vous allez me répondre : que ces faveurs vous touchent peu ; mais ces opinions héroïques se modifieront bientôt. Vous avez, quoique jeune encore, rendu déjà d'importans services au roi et à l'Etat; ne compromettez pas un avenir qui se présente sous des auspices aussi favorables. En me promenant de ce côté, j'ai surpris involontairement quelques phrases, j'ai entendu quelques noms... prenez garde! je ne sais pas et ne veux pas savoir ce que vous reprochez à Mme Duresnel, mais s'il y a une haine entre vous, avant peu de jours, elle peut avoir assez de crédit pour se venger.

LÉONCE. Du crédit?

DE SARTINES. Aujourd'hui, je ne puis m'expliquer davantage; mais demain...

(Tumulte. Des cris, des flambeaux; des personnes qui traversent la scène.)

LÉONCE. Quel tumulte ! j'entends prononcer mon nom au milieu de cris confus... M. de Chabanne !...

CHABANNE, *entrant, à un officier qui l'accompagne.* Qu'on double tous les postes ; qu'on ferme toutes les portes !... Monsieur de Valmont, faites entrer dans les jardins la compagnie tout entière, allez !.. messieurs, il n'échappera pas.

LÉONCE. Qui ?

CHABANNE. L'assassin.

LÉONCE *et* DE SARTINES. Qui a-t-on assassiné ?

(Le chevalier entre, soutenu par plusieurs amis, et entouré de laquais qui portent des torches.)

LÉONCE. Ah !

LE CHEVALIER, *se soulevant avec peine.* J'ai voulu te voir avant d'expirer ; prends garde à toi, Mondoville... ce costume...; le coup qui me frappe t'était destiné.

(Il retombe.)

LÉONCE. Remords éternel !... mon ami.. mon frère... ah ! je te vengerai !

VOIX DANS LA COULISSE. Le roi !.. le roi !.. le roi !..

(Grand mouvement. On voit Louis XV arriver par le fond.)

ACTE II.

Le lendemain soir ; appartement chez M. Duresnel.

SCENE PREMIERE.

ANTOINETTE, M. DE POMBAL, UNE FEMME DE CHAMBRE.

ANTOINETTE. Maintenant, je n'ai plus besoin de tes services ; va, Marie, je n'y suis pour personne ! (*Elle suit des yeux la femme de chambre qui sort ; va fermer la porte derrière elle, et vient se jeter dans les bras de M. de Pombal.*) Mon père ! ô mon père !.. qu'il me tardait d'être seule avec vous et de pouvoir vous donner ce nom !... Je vous attendais avec tant d'impatience !... dès que vos absences se prolongent d'une heure au-delà des termes habitués, tous les malheurs se présentent à ma pensée !... Vous n'avez pas besoin de me rassurer, votre situation m'est connue ; vous êtes maintenant à Paris, sous le nom de M. de Pombal, un nom qui vous cache ; attaché à l'ambassade de Naples, un titre qui vous protège, c'est vrai ; mais un mot imprudent peut vous perdre !... Hélas ! depuis que nous sommes en France, la paix du cœur m'a quittée !... la France, où vous avez voulu revenir a payé vos services par l'ingratitude, et votre amour par la proscription !..

DE POMBAL. Ne confonds pas ma patrie avec ceux qui la gouvernent ! Va, ne crains rien pour moi, ma fille, ils m'ont oublié *!

ANTOINETTE. Plaise à Dieu que vous ayez raison, et que mes alarmes ne soient jamais justifiées !... Pardonnez-moi !.. Je suis triste aujourd'hui, et j'ai le deuil au fond du cœur, quoi qu'il ait fallu me mettre en habits de fête...

DE POMBAL. C'est aujourd'hui le second anniversaire de ton mariage.

* *Ils s'asseyent.* M. de Pombal, Antoinette.

ANTOINETTE. C'était hier le troisième anniversaire de sa mort !

DE POMBAL. Ecarte ce souvenir !

ANTOINETTE. Et vous n'êtes pas venu !.. Le jour où j'ai perdu ma mère, personne à qui parler de ma mère ! laissez-moi m'entretenir de ses paroles suprêmes !... j'éprouve un douloureux plaisir à me les rappeler !... Vous étiez absent depuis six semaines, et, quand votre brick parcourait les mers, étions-nous jamais sûres de vous revoir ?... « Ma fille, disait-elle... vais-je te laisser toute seule dans le monde ? ton père ne reviendra-t-il plus ?... » Vous arrivâtes enfin ; vous étiez pâle, ensanglanté, tout meurtri de votre dernier combat, tout meurtri de votre dernière tempête !... Quel spectacle frappa vos yeux !.. votre fille était évanouie auprès de votre femme expirante !... quand je repris mes sens... « François, vous disait ma mère... rapporte mon corps dans le village de Bretagne où je suis née, je ne dormirais pas tranquille dans cette terre étrangère, loin du tombeau paternel !... » Et alors, je n'entendis plus rien.

DE POMBAL. Pauvre Euphémie !

ANTOINETTE. Un mois après, nous prenions le chemin de la France !... un nuage de larmes couvrit mes yeux, quand je vis les mornes les plus élevés de Saint-Domingue disparaître dans les vapeurs confondues du ciel et de l'océan !... Je ramenais ma mère dans sa patrie, mais enfin, je quittais la mienne !... Saint-Domingue, mon île natale !... est-ce que je ne vous reverrai plus ?...

DE POMBAL. Tu n'es donc pas heureuse, en France ?

ANTOINETTE. Est-ce là ce que j'ai voulu

dire? j'ai un père qui m'aime, et que j'adore; j'ai un mari qui m'aime et que j'adore... comment ne serais-je pas heureuse?...Ce serait une double ingratitude!... envers Dieu qui m'a donné mon père, envers mon père qui m'a donné mon mari.

DE POMBAL. Antoinette!... Antoinette, pourvu que tu ne me trompes pas!... Tu ne sauras jamais combien je t'aime, tu ne sais pas comme il y a des sympathies profondes entre mon ame et ton ame. Quand tu es inquiète, je souffre; quand tu retiens une larme dans tes yeux, j'étouffe des sanglots dans ma poitrine!... J'ai éperdument aimé ta mère; mais je ne sais si j'aurais fait pour elle tout ce que je suis capable de faire pour toi! Ne me cache jamais rien, je te l'ordonne, ma fille; dès que tu conçois une crainte ou que tu formes un désir, préviens-moi sur-le-champ. Ce n'est pas sans raison que je te dis cela, réfléchis. Ah! ma vie a été dangereuse et rude... j'ai éprouvé, dans ma jeunesse, toutes les passions terribles dont le cœur de l'homme est le domaine!... La haine! la jalousie! la vengeance!... elles se sont endormies depuis que je suis père; mais sur un signe de toi, elles se réveilleraient avec toute leur fureur!...

ANTOINETTE. Ne deviez-vous pas me parler de M. Duresnel?

DE POMBAL. Pourquoi ne l'ai-je pas vu?

ANTOINETTE. Il est dans son cabinet... je l'ai fait prévenir.

DE POMBAL, *se levant*. Je regrette qu'il ait eu de l'ambition... et l'ambition de l'argent, qui est la pire de toutes!... Ta fortune, après tout, pouvait lui suffire... le chemin où il marche est semé de piéges; son état a mille chances funestes!... Et puis, il te néglige...

ANTOINETTE, *tristement*. Non...

DE POMBAL. Tant mieux!... car, en lui donnant ta main, je lui ai fait entendre malheur à lui, si tu n'étais pas heureuse!. Il est jaloux, peut-être?...

ANTOINETTE. Oh! non!...

DE POMBAL. Ne t'en plains pas... je sais ce que cela fait souffrir!... Ainsi, il n'a jamais prononcé devant toi le nom de cet insensé qui ose t'aimer... de ce malheureux... qui ose te suivre... de M. de Mondoville enfin?

ANTOINETTE*, *se levant*. Jamais!

DE POMBAL. Toi-même, le souvenir de cet homme ne trouble pas ton repos?

ANTOINETTE. Qu'ai-je à craindre de lui?

DE POMBAL. Tout!... une calomnie...

ANTOINETTE. Vous le croyez bien cruel?

* Antoinette, M. de Pombal.

DE POMBAL. C'est que je le connais, moi! Mondoville!.. je te l'ai dit souvent... c'est une famille que je hais... c'est un nom qui est dans tous mes malheurs!... Comment il s'y trouve mêlé, c'est un secret que ta mère seule pouvait t'apprendre... et que je ne ferai pas sortir de son tombeau. Je me souvenais encore du père, mais j'avais oublié le fils... pourquoi est-il venu me trouver?... L'imprudent!... en me faisant une insulte nouvelle, il ne savait pas que pour le traiter en ennemi mortel, je n'avais qu'à remuer les cendres du passé!...

ANTOINETTE. Qu'y a-t-il? mon Dieu!... vous ne méditez rien contre ce jeune homme?. .

(Les portes du fond s'ouvrent, le mulâtre paraît; M. de Pombal lui fait signe d'attendre un instant; les portes se referment.)

DE POMBAL. Voilà mon fidèle mulâtre qui vient me parler. Va chez M. Duresnel, et tâche de l'arracher à ses travaux; tu as confiance en moi, n'est-ce pas?... Sois tranquille... je connais mes devoirs de père, et ce que je ferai, Dieu l'approuvera.

ANTOINETTE, *à part, en sortant*. O ma mère! quelle confidence m'avez-vous faite, et quel terrible devoir m'avez-vous légué!...

(Elle entre chez M. Duresnel.)

SCENE II.
POMBAL, *puis* LE MULATRE.

DE POMBAL. Elle pâlissait en m'écoutant... Voilà le sujet de ses inquiétudes!... des propos recueillis par la légèreté, dénaturés par la mauvaise foi, peuvent arriver jusqu'à son mari... veillons sur lui et sur elle!... Ah! jeunes gens, parce que vous êtes élevés au milieu des grandes dames de la cour, à l'image de votre digne maître; parce que vous ne croyez ni à Dieu, ni à la vertu, ni à votre mère!... parce qu'il vous est permis de jouer avec l'honneur de vos sœurs et de vos femmes, sans trouver, en face de vous, la vengeance d'un frère ou d'un mari... vous croyez que nous vous laisserons insulter les nôtres?.. non pas, s'il vous plaît!... la réputation d'une femme de bien, c'est sa vie! Mondoville! tu as attenté à la vie de ma fille, tu subiras la peine du talion, c'est justice!... Scipion?..

LE MULATRE, *entrant*. Je vous apporte plusieurs nouvelles.

DE POMBAL. Sur lui?

LE MULATRE. Oui, maître, et sur vous.

DE POMBAL. Parle de lui, d'abord.

LE MULATRE. Il vient ce soir au bal de M. Duresnel.

DE POMBAL. Mondoville?

LE MULATRE. Mondoville!

DE POMBAL. Une hardiesse!.... Qui t'a dit cela?

LE MULATRE. Vous le savez bien... celui de ses gens qui nous est dévoué.

DE POMBAL. Croit-il avoir toujours autant de bonheur qu'hier soir?..

LE MULATRE. Nous ferons donc un troisième essai?

DE POMBAL. Deux meurtres l'un sur l'autre!

LE MULATRE. Qui découvrira le premier?

DE POMBAL. N'importe!..

LE MULATRE. Eh bien! il y a le chapitre des accidens.

DE POMBAL. Parle...

LE MULATRE. A cent pas de cette maison, un sous-fermier, nouvellement millionnaire, fait bâtir un magnifique hôtel. Si par hasard, au moment où M. de Mondoville passera devant les échafaudages, une partie du mur en construction?..

DE POMBAL. Soit!

LE MULATRE. Quand il arrivera?..

DE POMBAL. Vient-il seul?

LE MULATRE. Avec M. de Chabanne... m'a-t-on dit!..

DE POMBAL. Quand il repartira!.. je ne veux pas qu'un innocent meure avec lui, ou meure à sa place... c'est bien assez de Gondrecourt.

LE MULATRE. Maître, ce n'est pas ma faute... le domino noir, doublé de rouge; rubans de même couleur.... j'ai strictement obéi.

DE POMBAL. Il est vrai!..

LE MULATRE. C'est que je n'avais rien à risquer, moi! à défaut de votre ennemi, j'étais bien sûr de trouver le mien.

DE POMBAL. Gondrecourt, ton ennemi?

LE MULATRE. Dès ma jeunesse, j'ai appris de mon père à maudire tous les visages pâles! Mon père, Jean-le-Mulâtre, était bâtard de M. de la Tour, gouverneur de la Martinique, lequel s'humanisait quelquefois avec ses négresses. Digne homme! il signa, de sa propre main, l'ordre de conduire son fils au gibet, en réparation de je ne sais quel crime, qu'il n'avait peut-être pas commis! Depuis ce temps-là, je venge mon père et je me venge!.. J'ai reçu des blancs outrage sur outrage, je leur ai rendu meurtre sur meurtre!... Je ne me souviens plus de celui que j'allais expier, quand vous m'avez sauvé la vie... Il paraît qu'il y avait quelque chose de bon en moi, puisque je vous ai voué une reconnaissance éternelle. Je ne suis plus à moi; je suis à vous. Voici pourtant le premier meurtre que vous m'avez ordonné!... ordonnez encore, et ne craignez pas de m'exposer.... ceux de notre couleur ont l'instinct de la ruse, et il sera difficile de me prendre sur le fait; mais, après tout, on ne peut pas me pendre plus haut que la potence, et je défie les blancs de se venger de moi, comme je me suis vengé d'eux!..

DE POMBAL, *à part.* Nature de tigre!.. allons... j'en ai besoin!... mais il me fait rougir de moi-même... (*Haut.*) Qu'as-tu à me dire sur mes affaires?

LE MULATRE. Que pendant votre absence, un agent de l'ambassadeur de Naples est venu m'avertir que M. Duval, l'ame damnée du lieutenant-général de police, avait donné des ordres pour recommencer les recherches avec une nouvelle activité.

DE POMBAL. M. de Sartines est bien impatient du portefeuille que l'Angleterre lui a promis pour prix de ma tête... Mondoville, j'essaierai de la défendre contre ton oncle et contre toi.

LE MULATRE. Voici votre gendre et votre fille!

DE POMBAL. Ah!... je voulais lui parler de différens bruits qui me sont parvenus sur le dérangement de ses affaires... je choisirai un autre moment.

SCENE III.

DE POMBAL, ANTOINETTE, DURESNEL, LE MULATRE, *dans le fond.*

DE POMBAL. J'avais à vous entretenir, monsieur Duresnel; mais on vient de m'apporter un avis dont je dois profiter sur-le-champ...

DURESNEL. Je suis à vos ordres.

ANTOINETTE. Il n'y a, dans cet avis, rien qui doive m'alarmer?..

DE POMBAL. Rien, ma fille...

(*Il lui donne un baiser sur le front et sort. Le mulâtre le suit. M. Duresnel va à une table et sonne; Picard paraît aussitôt.*)

DURESNEL. S'il arrive des lettres, vous me les apporterez sur-le-champ.

(*Picard sort.*)

SCENE IV

DURESNEL, ANTOINETTE *.

ANTOINETTE. Vous avez bien peur de perdre votre temps auprès de moi!

DURESNEL. De quoi vous plaignez-vous, madame?.. vous êtes entrée dans mon cabinet; et, sans me permettre d'achever un travail important, vous m'avez pris par la

* Duresnel *assis,* Antoinette *debout à côté de lui.*

main et conduit près de votre père... Ai-je seulement essayé de vous résister?

ANTOINETTE. Qu'importe que je vous arrache de votre cabinet, si vous ordonnez à vos affaires de vous suivre dans mon salon?... oubliez-les du moins pour le reste de la journée... Ah! consolez-vous... notre tête-à-tête ne sera pas long... Vous donnez une fête aujourd'hui, et les préparatifs que vous aviez ordonnés... Vous ne m'écoutez pas?

DURESNEL. Si fait, madame!.. vous me parlez de votre fête... pardonnez-moi d'avoir fait violence pour cette fois à vos goûts de retraite... ma position exige que nous recevions le monde...

ANTOINETTE. Je ne vous demandais pas de m'expliquer pourquoi vous donnez cette fête!.. J'avais pensé que c'était pour célébrer le second anniversaire de notre mariage.

DURESNEL. Avant tout, c'est pour cela...

ANTOINETTE. Comment me trouvez-vous?

DURESNEL. Tous les jours plus belle!..

ANTOINETTE. Oh! mon père m'a dit que j'étais pâle... et que j'avais pleuré!..

DURESNEL. Des chagrins... vous?

ANTOINETTE. Vous ne vous en êtes pas aperçu?.. Mais savez-vous, Henri, que vous agissez absolument comme si vous ne m'aimiez plus... Oh! vous ne me trompez pas, je le sais..... cela me ferait mourir bien vite..... Vous êtes indifférent; cela me fera mourir lentement... Je suis jalouse de tout le temps que vous donnez à votre fortune, et qui est perdu pour notre amour! Hélas! je n'ai dans le monde que vous et mon père!.. Je passe toute seule plus des trois quarts de ma vie... cela est triste!.. Sans doute, j'aime la solitude et la retraite... mais la solitude avec vous .. Je suis folle de vous aimer ainsi.... folle de vous le dire ainsi.... mais que voulez-vous? on ne m'a pas élevée à cacher ce que je pense comme les jeunes filles de ce pays. Je suis une créole, et j'ai dans le cœur toute la franchise d'une sauvage et toute l'ardeur de mon ciel natal!

DURESNEL. Vous êtes un ange.

ANTOINETTE. Qu'on a de peine à vous arracher une bonne parole!.. Eh bien! maintenant, que vous me regardez avec attention... avec amour, comme vous le devez... vous voyez bien que j'ai pleuré. J'ai fait ce que j'ai pu pour que mon père donnât à ces pleurs une autre raison que la raison véritable... Il est si inquiet de mon bonheur!.. Je lui ai dit que j'étais

heureuse!.. c'est peut-être un peu de mensonge... mais faites qu'il ne s'en aperçoive pas!.. tâchez de redevenir, ne fût-ce que pour une soirée, le mari attentif... empressé, que vous étiez autrefois!..

DURESNEL, *lui prenant les mains.* Qu'est-ce que cette clef que Marie vient de vous remettre?

ANTOINETTE. Mon Dieu! vous m'y faites songer... une surprise que je ménage à mon père. Cette clef ouvre une porte dérobée qui donne sur la rue Saint-Guillaume, une rue déserte. Cette porte était oubliée et condamnée depuis long-temps, et c'est par hasard que le propriétaire de cet hôtel m'en a révélé l'existence : maintenant mon père viendra me voir aussi souvent qu'il voudra, et je ne craindrai plus que nos gens s'étonnent de ses visites, et parviennent à connaître le lien sacré qui nous unit.

DURESNEL, *se levant.* Et savez-vous ce qu'il peut avoir à me dire?

ANTOINETTE. Je sais ce qu'il me disait tout-à-l'heure.

DURESNEL. Quoi donc?

ANTOINETTE. Que vous auriez dû vous contenter de votre fortune... qu'avec moins d'ambition, vous auriez eu plus de bonheur... que votre état est plein de chances funestes...

DURESNEL. A-t-il appuyé sur ces derniers mots?

ANTOINETTE. Contiennent-ils donc une prophétie ?

DURESNEL. Non... non... ne craignez rien...

ANTOINETTE. Mon ami, s'il vous arrivait des revers... si vous éprouviez des faillites imprévues, que sais-je?.. cela ne sera pas!.. Si cela était...promettez-moi de ne pas vous désespérer... du côté de mon père, il nous resterait toujours assez de fortune pour vivre heureux et oubliés!.. et tenez, voyez comme je suis égoïste... je me surprends quelquefois à désirer pour vous des désastres de fortune... ils vous rendraient tout entier à mon amour.

DURESNEL. Ne faites pas de ces souhaits-là, madame... Au bout de ma ruine, vous ne voyez que la perte de ma fortune; moi, j'y vois la perte de mon honneur!.. Savez-vous ce que c'est qu'une faillite? savez-vous ce que c'est qu'un arrêt du parlement qui déshonore à tout jamais votre nom? Grâce au ciel, j'ai trop de soin de mes affaires pour craindre un semblable revers; mais je vous le répète...ne faites pas de ces souhaits-là, madame!..

SCÈNE V.

ANTOINETTE, DURESNEL, PICARD.

PICARD. La Gazette de la cour et des lettres.

DURESNEL. Du Hâvre?

PICARD. De Paris et du Hâvre.

(Il sort.)

DURESNEL. Allons, mon sort est dans mes mains!.. Il est clair que M. de Sartines a voulu me tromper, et que... (*Il ouvre la lettre.*) « Le brick l'*Amphytrion*, » commandé par le capitaine Lenoir, a » sombré hier en vue de la rade... » Enfer!... (*continuant*) « toute la cargaison a » péri. » Et notre dernière espérance s'est abîmée avec elle!.. Capitaine Lenoir!.. plus de doute!.. je suis perdu!

(Il s'assied.)

ANTOINETTE, *venant à lui.* Mon ami!

DURESNEL. Que me voulez-vous? .

ANTOINETTE. Cette lettre...

DURESNEL. M'annonce une mauvaise nouvelle...j'en conviens; mais tenez, celle-ci en renferme une bonne. (*Antoinette retourne à sa toilette et le regarde de temps en temps d'un air inquiet. Il prend une autre lettre et l'ouvre convulsivement.*) Qu'est-ce que cela signifie? (*Il lit.*) Dixième couplet de la chanson nouvelle :

« On ne parle dans la ville
» Que du refus solennel
» De madame Duresnel ;
» Mais monsieur de Mondoville
» Dirait peut-être pourquoi
» On dédaigne un si grand roi !... »

Encore!.. ce second avis me fait deviner d'où partait le premier... Le piége est bien dressé, M. de Sartines ; vous voudriez me prouver que je suis dupe de mes scrupules!.. elle me tromperait... elle, qui, tout-à-l'heure encore... c'est impossible !... Mondoville!... et cependant elle porte à ce jeune homme un intérêt singulier... je m'en suis aperçu plusieurs fois... s'ils étaient en effet d'intelligence?.. Ah! misérable que je suis !.. je me sens au bord d'un crime ; ma conscience se révolte et me pousse en arrière; mais je fais tout ce que je puis pour capituler avec elle ; et, dans la pensée de me rendre moins coupable, je vais accuser d'une trahison celle que je suis au moment de trahir!

ANTOINETTE. Henri, au nom du ciel, dissipez mon inquiétude; il se passe en vous quelque chose d'extraordinaire ; et dussé-je attirer sur moi votre colère...

DURESNEL. Qui... moi, madame, vous me voyez tout-à-fait remis ; ces deux lettres ne laissent pas plus de traces dans mon esprit qu'elles ne laisseront de cen-

dres dans votre foyer... (*Il les jette au feu.*) Adieu, l'heure s'avance, et je veux donner les derniers ordres... Je crains que l'événement arrivé cette nuit à Versailles ne nous enlève beaucoup de monde... Vous savez de quoi je veux parler?

ANTOINETTE. Non.

DURESNEL, *revenant à elle et la considérant avec beaucoup d'attention.* Cette nuit, au bal masqué de Trianon, le chevalier de Gondrecourt a été frappé d'un coup de poignard... par un homme qu'on n'a pas arrêté... Par un hasard étrange, il venait de prendre un costume absolument pareil à celui de M. de Mondoville...

ANTOINETTE. Grand Dieu!..

DURESNEL. Aussi prétend-on que l'assassin s'est trompé de victime, et que c'est M. de Mondoville qu'il voulait tuer.

ANTOINETTE. Le tuer!

DURESNEL. Vous lui portez un bien vif intérêt, madame...

(Il sort.)

SCÈNE VI.

ANTOINETTE, *seule.*

Le tuer!... Oh! cela n'est pas... c'est un jeu pour m'épouvanter... (*Elle prend la Gazette.*) Non... non... c'est vrai... et il y a quinze jours, une partie de son hôtel a été incendiée.. allons, c'est une vengeance de mon père!.. qu'est-ce que je dis, malheureuse?.. Il n'y a pas assez d'indices contre lui pour qu'un étranger l'accuse, et sa fille le condamne!.. Ah! n'importe; ces deux événemens terribles ne peuvent être attribués au hasard... il y a un danger de mort sur ce jeune homme.. est-ce moi qui en suis la cause. et que puis-je faire pour le sauver!.. (*Elle tire de son sein le portrait de sa mère et le couvre de baisers.*) Image de ma mère! inspire-moi!... Le jour où tu me révélas tous les secrets de ta vie, tu me donnas un grand devoir à remplir : « Je ne veux pas, me disais-tu, » que mon malheureux fils apprenne ja- » mais le mystère de sa naissance ; il sau- » rait à quel point je fus coupable!.. Toi, » ma fille, ne regarde pas s'il est le fruit d'un » crime ; aime-le, car il est ton frère... et » sois son ange gardien sur la terre, tandis » que je serai sa patronne dans le ciel. » Ce furent bien là tes paroles, ô ma mère!... Le jour est venu d'être utile à ce frère que tu m'as dit d'aimer et que j'aime... mais conseille-moi!... Je veux bien attirer sur moi la colère de mon père et la jalousie de mon mari... si l'intérêt de sa vie l'exige, je veux bien sacrifier la mienne... mais comment la lui donner?.. Mille projets confus flottent dans mon esprit ; je les prends tour-à-tour, et je les abandonne ; mais ton souvenir est là qui me soutient... ton regard est là qui me rassure ; Dieu m'assistera, je le sens.. je ne sais ce que je ferai pour sauver mon frère, mais je te jure que je le sauverai ! *Les portes du fond s'ouvrent ; Mondoville paraît.*) Ah ! le voici !..

(Elle recule jusque sur le devant du théâtre.)

SCENE VII.
ANTOINETTE, LEONCE.

LÉONCE. Je conçois, madame, que ma présence vous étonne, j'aurais voulu vous épargner cette surprise ; mais je ne pouvais pas me faire annoncer... Oh ! c'est pour vous seule que je suis venu... daignez m'écouter !..

ANTOINETTE. Vous ne me direz rien que je ne puisse entendre devant M. Duresnel ; permettez-moi de le rejoindre.

LÉONCE. Mais vous n'y pensez pas, madame!.. mais, madame, pas un mot de ce que je viens vous dire ne doit être entendu par M. Duresnel!.. mais priez-moi donc de me pencher à votre oreille et de parler à voix basse ; vous savez bien que je puis avec une parole faire de votre mari, votre juge.

ANTOINETTE. Vous faites acte de violence en me retenant ici, monsieur, et je ne sais de quel droit...

LÉONCE. Eh ! madame, il s'agit bien de formalités... il s'agit de ma vie que vous voulez prendre, de mon ami que vous avez fait assassiner!.. vous savez bien que c'est lui qui est mort, n'est-ce pas?.. On vous a parlé de cette horrible méprise?.. Quand j'ai paru devant vous, vous ne m'avez pas pris pour un spectre?. Ah ! vous défendez bien votre renommée!.. quoi! parce que le hasard m'a rendu maître d'un malheureux secret que je ne voulais pas trahir, il faut absolument que je meure!.. vous déchaînez à deux reprises vos *bravi* contre moi!.. la première fois, ils mettent le feu à mon hôtel... vingt autres maisons peuvent être dévorées par les flammes, et combien de personnes y périr!.. mais il faut que votre réputation soit sauvée... la seconde fois, ils me suivent au milieu d'une fête, au milieu de la cour; ils lèvent le poignard sur celui qu'ils croient être votre ennemi; c'est Gondrecourt qu'ils assassinent!.. lui, mon meilleur ami... mais il faut que votre réputation soit sauvée!.. Vous avez été trompée dans vos projets, madame ; il y a maintenant,

sur votre nom une tache ineffaçable... du sang...

ANTOINETTE. Je demeure immobile de surprise. Quoi! c'est moi que vous accusez des deux événemens dont vous avez failli être victime... moi! mon Dieu!

LÉONCE. Oui, vous, vous seule!.. Est-ce que vous songeriez à vous justifier!.. vos agens y mettent moins de mystère ; ils se font gloire d'être à vos ordres ; justifiez-vous donc... l'homme de la rue Geoffroy-Langevin... vous savez bien de qui je veux parler, s'est vanté à moi, d'avoir mis en flammes la moitié de la maison de mon père... justifiez-vous!.. Il m'a dit : « Tu » sais un secret terrible... je te ferai taire » en t'assassinant! » Il a bien tenu sa parole ; seulement il s'est trompé de victime!.. allons, vous ne vous justifiez pas...

ANTOINETTE. Monsieur de Mondoville..

LÉONCE. Ah! c'est assez... je ne veux pas vous accabler plus long-temps. C'est une victoire trop facile... Voici ce que j'avais à vous dire, madame : je ne veux pas encore mourir!... ce n'est pas que je tienne à la vie, vous me l'avez rendue à jamais odieuse!... c'est que je veux venger l'assassinat de mon ami!... Je poursuivrai son meurtrier jusqu'au bout de la terre, et je jure que j'obtiendrai justice de lui!... Je suis déjà sur ses traces, il ne tardera pas à tomber dans nos mains ; croyez-moi, n'attendez pas ce moment... il y a des tortures qui font parler les bouches les plus fidèles ; et, si dévoué que vous soit cet homme, il finirait par prononcer votre nom. Je ne veux pas voir accuser d'un crime une femme que j'ai aimée comme on n'aima jamais!.. Fuyez! prenez devant M. Duresnel le prétexte que vous voudrez ; mais fuyez vite, et ne cherchez pas à prévenir votre complice ; votre hôtel est cerné ; vous ne feriez qu'avancer sa perte. Vous ne me devez aucune reconnaissance ; je fais cela pour moi, non pas pour vous, et que Gondrecourt me pardonne si je ne lui sacrifie qu'une victime...

ANTOINETTE. Après toutes les choses terribles que vous m'avez dites, je ne devrais pas songer à me justifier devant vous ; je dirai quelques mots cependant... Je ne sais si l'homme dont vous parlez a effectivement attenté à votre vie ; mais devant Dieu, monsieur, je vous jure que je n'en ai rien su!... Moi, sauver ma réputation au prix de votre sang!... vous ne saurez jamais à quel point ce reproche est injuste... Ecoutez : il y a entre cet homme et moi un secret d'où dépend sa vie ; mais ce secret ne me fera jamais rougir !... je ne puis rien dire de plus. Je vous remercie de l'avis que vous me donnez. Mais si cet homme était arrêté, je n'attendrais pas qu'on le mît à la torture ! j'irais me dénoncer avant qu'il eût le temps de prononcer une seule parole.. Et s'il est vrai que, pour sauver ma réputation, il ait pu commettre un crime, je mettrais autant de zèle à en assumer la responsabilité devant ses juges, que j'ai mis de vivacité à la rejeter devant vous !

LÉONCE. Et cependant, cet homme n'est ni votre frère ni votre parent ; vous n'avez plus de famille ; comment puis-je vous croire ? Ah ! malheureux insensé que je suis ! l'heure où je pourrais être sûr de votre innocence serait encore la plus douce de ma vie !... Dites-moi ce secret qui vous justifie, et dussiez-vous m'ordonner de cesser mes poursuites contre l'assassin de Grondecourt...

SCÈNE VIII.
ANTOINETTE, DE POMBAL, LÉONCE.

DE POMBAL, *surgissant entre les deux.* Tu n'iras pas loin pour le trouver.

ANTOINETTE. Ah !

DE POMBAL, *à Antoinette.* Rassurez-vous. (*A Léonce, qui a reculé de quelques pas et le regarde, immobile d'étonnement.*) Ne parle plus des assassins de Gondrecourt !... si le sang de cet infortuné doit retomber sur quelqu'un, c'est sur toi !... Ah ! tu calomnies une femme qui ne t'a donné aucun droit sur elle, qui ne t'aime pas... que tu n'aimes pas toi-même, et tu crois que ce n'est pas là un crime digne de mort ? Tu as joué avec une chose sainte, jeune homme, tu es calomniateur et sacrilége !

LÉONCE. Eh bien ! vous l'avez entendu, madame ?... vous n'avez rien à me dire ?... (*Silence.*) Adieu !

(*Il fait quelques pas vers la porte du fond.*)

DE POMBAL. Ces salons sont pleins de monde, et cette porte ne s'ouvrirait pas pour vous ; si vous vous y présentez, vous êtes mort... Laissez-moi faire, madame... il convient que vous sortiez sans être vu... passez de ce côté *... vous savez que je ne fais pas de vaines menaces... Ne parlez à personne avant d'avoir mis le pied hors de cette maison !... Oui, monsieur, c'est une guerre à mort !

LÉONCE. Allons donc, monsieur !. est-ce qu'un homme comme vous fait la guerre à un homme comme moi ?... Vous voulez m'assassiner, et je veux vous livrer à la

* Léonce, **M.** de Pombal, Antoinette.

justice... et si je n'écoutais que mon devoir.... (*Antoinette lui adresse un geste suppliant.*) mais je me contiens à cause de vous... songez à votre sûreté, madame ! (Il sort par une porte latérale. Les portes du fond s'ouvrent, et laissent voir le mulâtre et un autre homme. Sur un geste de M. de Pombal, elles se referment.)

SCÈNE IX.
DE POMBAL, ANTOINETTE.

ANTOINETTE. Mon Dieu !..... puis-je croire à ce que j'entends, et à ce que je vois ?... M. de Mondoville a donc raison, mon père ?... vous avez voulu sa mort ?

DE POMBAL. Eh bien ! oui...

ANTOINETTE. Oh ! ma tête s'égare !... Et qu'a-t-il fait ?

DE POMBAL. C'est toi qui le demandes ?

ANTOINETTE. Quoi ! c'est à cause de moi qu'il doit mourir ? Ah ! je vous demande grâce pour ce jeune homme ! c'est un malheureux !.. c'est un malheureux !... mais il ne faut pas qu'il meure !... Qu'est-ce que cela me fait qu'il me croie coupable ?.. il en a le droit, il m'a vue entrer chez vous, seule, en secret, toute tremblante !... Sait-il que vous êtes proscrit !... que vous êtes mon père ?.... ah ! retirez-vous de la lutte que vous avez engagée contre lui !... Si vous saviez ce qu'il m'a dit !.. vous succomberez.

DE POMBAL. M. de Mondoville est condamné ! le droit de te croire coupable... grand Dieu !.. avait-il celui de livrer ton nom à la risée de ses amis, ton nom !.. le nom de ma fille !.. va, c'est moi seul que je venge. Je l'immole non seulement à ton honneur, non seulement à ma sûreté, mais surtout à cette haine invétérée que j'entretiens depuis vingt ans contre sa famille !... Sois donc tranquille... tu ne seras pour rien dans sa mort !... mais il mourra, c'est dit !

ANTOINETTE. Ma mère ! ma mère !

DE POMBAL. Si c'est pour m'inspirer des idées de pardon que tu invoques le souvenir de ta mère !... mais ce que Mondoville a fait contre toi, son père l'avait fait contre elle. Écoute-moi, puisqu'il faut que je me justifie ! apprends qu'il avait osé, le lâche !... qu'il s'était vanté de mon déshonneur !... Nous nous battîmes, et j'eus le malheur de ne pas le blesser à mort !... mais j'attirai sur moi les vengeances d'une famille puissante ; ils me forcèrent à m'expatrier, et voilà pourquoi je suis devenu corsaire !... Qu'en dis-tu ? voyons ! ma haine pour le nom de Mondoville n'est-elle pas juste et sainte ? Devant Dieu, je crois **que** ta mère était innocente... et pour t'aimer, vois-tu, j'ai besoin de le croire; mais enfin sa réputation était perdue et j'étais devenu jaloux! Malheur à celui qui a voulu faire à ma fille une destinée pareille à la destinée de sa mère... point de pitié pour celui-là... pour le calomniateur, point de pitié!

ANTOINETTE. Oui, vous avez raison... je vous respecte.... je vous aime, mais je fais grâce à M. de Mondoville, et je veux que vous lui fassiez grâce aussi.... mon père, au nom de votre amour pour moi... au nom de cette martyre et de cette sainte que nous adorons tous les deux, faites que je n'aie pas à me reprocher la mort de ce jeune homme!... Je vous demande sa vie comme je vous demanderais la mienne.

(Elle se jette à ses genoux.)

DE POMBAL. Comme tu me demanderais la tienne!..

ANTOINETTE. Eh bien! oui... puisque je l'aime!..

DE POMBAL. Tu l'aimes?..

ANTOINETTE. Vous me forcez à vous faire un aveu que je ne voulais pas me faire à moi-même. Accablez-moi... maudissez-moi! mais qu'il vive!.. S'il meurt, entendez-vous, amour ou remords, je le suivrai.

DE POMBAL. Tu l'aimes, malheureuse enfant!... tu l'aimes et tu veux mourir? ah! courons...

(Grand tumulte au dehors; bruit de pas dans les appartemens; bruit de voix dans la rue.)

VOIX, *au dehors.* Est-il mort?... Au secours!.. apportez des flambeaux!..

DE POMBAL, *s'arrêtant.* Ciel et terre!... il n'est plus temps!..

ANTOINETTE. Grand Dieu!... M. de Mondoville!..

DE POMBAL. C'est à toi de me maudire, ma fille!..

ANTOINETTE. Mort! mort!.. ma mère, pardonne-moi!..

ACTE III.

Le jour suivant, dans la matinée, chez M. de Sartines.

SCENE PREMIERE.
JOSEPH, GEORGES.

JOSEPH. C'est bien entendu!.. Vous ne laisserez entrer personne avant de m'avoir décliné le nom et la qualité du visiteur.

GEORGES. Personne!..

JOSEPH. Toutes les lettres adressées à M. le comte passeront d'abord par mes mains...

GEORGES. Sans exception.

JOSEPH. Rentrez maintenant dans l'antichambre, et faites bonne garde. *(Georges sort.)* Ah! je ne saurais prendre trop de précautions!... Plaise à Dieu que le démon acharné sur mon maître ne les rende pas toutes inutiles!... Hélas! j'avais hier comme un pressentiment; ne sortez pas, avais-je dit à M. le comte; mais la jeunesse!... il y avait une heure à peine qu'il était parti, qu'on me le ramène, pâle, mourant, et que m'apprend-on?.. qu'au moment où sa voiture passait rue de Grenelle, devant un hôtel en construction, une pierre énorme est tombée devant les chevaux... une seconde plus tard, et c'était fait de lui! que serais-je devenu, mon Dieu!... C'est bon!... c'est bon!.. si l'on croit que je vais le laisser assassiner sans rien dire... *(une porte latérale s'ouvre; paraît M. de Sartines.)* J'ai toujours eu mon franc-parler, moi!.. et

M. de Sartines se trompe s'il se figure qu'il m'impose!.. Je voudrais qu'il fût ici pour lui dire en face...

SCENE II.
DE SARTINES, JOSEPH.

DE SARTINES. Hum! hum!

JOSEPH, *se retournant vivement.* Vous, monseigneur?..

DE SARTINES. Je suis entré par cette porte... rassurez-vous... elle ne communique qu'avec mon cabinet de travail, et j'ai pris le chemin le plus court pour avoir plus tôt des nouvelles.

JOSEPH. J'en ai aussi à vous demander, monseigneur!... et je désire que les vôtres soient aussi bonnes que les miennes.

DE SARTINES. Je veux savoir si le comte va mieux.

JOSEPH. Je voudrais apprendre si ses meurtriers sont au pouvoir de la justice.

DE SARTINES. La justice a le pied lent, mais sûr... patience!..

JOSEPH. Votre neveu ne mourra pas encore de cette fois, mais sera-t-il toujours aussi heureux dans ses désastres?

DE SARTINES. Ainsi, la consultation de M. Petit, médecin du roi, est tout-à-fait favorable?

JOSEPH. En ce moment il repose, et

d'un sommeil si calme, que, suivant toute apparence, le délire momentané de cette nuit ne reparaîtra pas à son réveil.

DE SARTINES. Continuez à veiller sur lui comme vous le faites.

JOSEPH. Monseigneur, feu M. le comte de Mondoville me savait honnête homme, et assez courageux dans ma probité ; bien avant qu'il songeât à reconnaître son fils, j'avais été chargé de l'élever... aussi je l'aime plus que je ne puis dire, et je remplis mes devoirs avec toute la tendresse d'un père et tout le zèle d'un vieux serviteur.

DE SARTINES. Si je ne puis revenir dans la journée, vous présenterez mes excuses au comte ; je suis accablé d'affaires.

JOSEPH. J'entends : vous ordonnez les recherches les plus sévères pour qu'on découvre enfin les auteurs des trois attentats dont il a failli être victime.

DE SARTINES. De ces trois attentats, un seul est prouvé !.. le meurtre du chevalier de Gondrecourt. Il n'y a dans les deux autres que mystère, incertitude, allégations dénuées de preuves, et je n'y vois pas plus des crimes que des accidens, dont le hasard seul est coupable.

JOSEPH. Le hasard !..

DE SARTINES. L'architecte employé aux travaux de la rue de Grenelle est connu pour un homme d'honneur, et il répond de tous ses ouvriers... Il explique d'ailleurs avec assez de vraisemblance...

JOSEPH. Et moi, monseigneur, j'affirme qu'il y a complot contre les jours de mon maître... et je dirai plus, contre votre honneur... Oui, dans la position où vous êtes, avec les malheureux avantages que vous retireriez de sa mort, il est aussi important pour vous que pour lui de déjouer les tentatives homicides de ses ennemis.

DE SARTINES. Quels ennemis lui connaissez-vous ?

JOSEPH. C'est ici que mon devoir cesse et que le vôtre commence ; je retourne auprès de lui ; je ferai la meilleure garde qu'il me sera possible ; je le surveillerai comme le ferait sa mère, s'il en avait une, et je mourrai s'il le faut à sa place, comme le chevalier de Gondrecourt! Mais, si, malgré tant de soins, le poignard de ses meurtriers arrive enfin à son cœur... devant Dieu et devant les hommes, je reporterai sur un autre la responsabilité de cet assassinat !

(Il rentre chez Léonce.)

❀❀❀❀❀❀❀❀❀❀❀❀❀ ❀❀❀❀❀ ❀❀❀ ❀❀❀❀❀❀❀❀❀❀❀❀

SCENE III.

DE SARTINES, *puis* DUVAL.

DE SARTINES, *seul.* Il y a toujours un profit à faire dans le mal que les autres disent de vous, et quelque injurieuse pensée qu'il y ait au fond du langage de cet homme, je dois... mais que faire? avant d'avoir reçu la déclaration du comte, je ne puis continuer l'instruction que j'ai commencée ; si c'est le hasard qui a conduit tous ces accidens, c'est un hasard bien acharné, j'en conviens ; mais il serait plus absurde encore de les attribuer à je ne sais quelle vengeance de Mme Duresnel !.. d'où tiendrait-elle un pouvoir si grand? qui lui aurait donné de si dévoués émissaires?.. Et d'ailleurs je serais bien bon de faire le mystérieux avec moi-même !... Fût-elle cent fois coupable... je dois la trouver innocente. Le roi, que j'ai vu ce matin, en est plus amoureux que jamais !.. Je me suis bien gardé de lui communiquer la réponse du mari... le sot ! il m'annonce la résolution qu'il a prise de déposer son bilan, quoi qu'il arrive !.. Ah !.. s'il m'arrivait pourtant quelque bonne preuve des intelligences de mon neveu avec cette charmante personne !.. je n'ai rien inventé, j'en suis sûr... sa colère ressemblait furieusement au dépit d'un amant trompé... tout mon malheur est de ne pas pouvoir frapper assez fort au cœur du mari ; les termes mêmes de son refus m'ont prouvé que j'avais frappé juste.. (*La porte latérale se rouvre, paraît M. Duval.*) C'est vous, monsieur Duval ?

DUVAL. Quelque chose de fort important à vous dire, monseigneur.

DE SARTINES. Vous allez me parler de cet accident... j'en ai les oreilles rebattues. J'aviserai, monsieur, j'aviserai...

DUVAL. Une affaire plus importante encore...

DE SARTINES. Celle de Jaffier sans doute : je veux bien vous écouter. Hier encore j'ai reçu une note...

DUVAL. Je n'ai rien appris sur Jaffier, monseigneur, mais...

DE SARTINES. C'est la seule affaire importante que je vous eusse confiée.

DUVAL. Et celles que je devine ?

DE SARTINES. Ah! vous vous mêlez de deviner? C'est jouer gros jeu ; prenez garde.

DUVAL. Quand il s'agit du service du roi et de votre intérêt, monseigneur, je me jetterais au feu ! au reste, voici la nouvelle : tout-à-l'heure, par les fenêtres de votre cabinet, où j'avais l'honneur de vous at-

tendre, j'ai vu entrer dans les cours une femme couverte d'un voile, mais qu'à sa démarche... je crois avoir reconnue pour...
(Il lui parle bas.)

DE SARTINES. Est-il possible !..

DUVAL. Pour qui viendrait-elle ici ?

DE SARTINES. O hasard ! je te remercie...

DUVAL. L'avis n'est donc pas à dédaigner ?

DE SARTINES. Si vous avez dit vrai, monsieur Duval, vous êtes chevalier de Saint-Michel!.. Ah! monsieur Duresnel, nous vous tenons enfin ! mais elle doit être maintenant sur l'escalier; allez, assurez-vous que vous ne vous trompez pas, et revenez chez moi prendre mes ordres.

DUVAL. J'y serai dans un instant, monseigneur.
(Il sort par le fond; M. de Sartines par la porte de droite.)

SCENE IV.
JOSEPH, LÉONCE.
(Ils entrent par la porte à gauche.)

JOSEPH, *à part.* Il est parti... tant mieux... (*Haut.*) Appuyez-vous sur moi.

LÉONCE. Je n'ai pas besoin d'appui... merci, bon Joseph... je suis fort, tu le vois..

JOSEPH. Je vois que vous chancelez... asseyez-vous...

LÉONCE. C'est le jour qui m'éblouit... pourquoi?... je suis donc malade.... ma tête est si faible que je ne puis rassembler deux idées.

JOSEPH. Regardez ce beau soleil de mai... Respirez l'air pur de ces jardins... vous vivez!.. vous vivez!.. ne songez qu'à cela!.. vous retrouverez assez tôt la mémoire de tout le reste.

LÉONCE. Je vois bien que j'ai eu le délire ; mais maintenant la raison m'est revenue... que m'est-il arrivé ?.. parle, je l'exige...

JOSEPH. Vous m'avez quitté hier à huit heures et demie du soir; vous êtes allé chez M. Duresnel ; en sortant de sa maison, vous avez pris par la rue de Grenelle, et...

LÉONCE. C'est bien!.. je me suis évanoui... et depuis ce moment, où suis-je?..

JOSEPH. Chez M. de Sartines... il y a une bande de démons acharnés sur votre vie; j'ai pensé que dans la maison du lieutenant-général de police, vous seriez plus que dans la vôtre à l'abri de leurs entreprises.

LÉONCE. Tu as mal fait!.. je suis las de leur disputer cette misérable vie qu'ils ont tant d'intérêt à prendre, et que j'ai si peu d'intérêt à conserver !

JOSEPH. Que dites-vous là?..

LÉONCE. Tu ne m'as pas quitté sans doute? qu'ai-je dit pendant mon délire?..

JOSEPH. J'écoutais avidement, Dieu sait!.. mais il n'est pas sorti de votre bouche un mot pour accuser ; vous n'avez fait que vous plaindre.

LÉONCE. Alors, Dieu veut que je me taise; au fait, je suis entré le premier dans cette lutte! . et quels droits avais-je sur cette femme!.. je me tairai !

JOSEPH. Quoi ! vous connaissez vos meurtriers, et vous ne les livrez pas à la justice ?

LÉONCE. Je ne suis sûr de rien... que la justice suive son cours .. je ne dénoncerai personne!..

JOSEPH. Mais vous exerceriez un droit de légitime défense... monsieur le comte, au nom de votre père!..

LÉONCE. Il y a trois ans que nous avons refermé sa tombe !

JOSEPH. Au nom de votre mère !..

LÉONCE. Je ne sais même pas où est la sienne!

JOSEPH. Au nom de votre ami!

LÉONCE. Gondrecourt!.. ah! tu as raison... tu me rends au sentiment de mes devoirs... je les aurais épargnés s'ils n'en avaient voulu qu'à ma vie... mais lui!.. il faut que je le venge!.. conduis-moi chez M. de Sartines, allons...

SCENE V.
LÉONCE, JOSEPH, GEORGES.

GEORGES. Une dame voilée, et qui ne veut pas se faire connaître demande à parler à monsieur le comte.

JOSEPH. Une dame voilée, et qui n'a pas dit son nom!.. avez-vous si vite oublié mes recommandations?..

GEORGES. Non, monsieur Joseph... et j'avais averti cette dame...

JOSEPH. Elle n'entrera pas... allez!..

LÉONCE. Pourquoi ce refus?

JOSEPH. Laissez-moi faire... (*Georges sort.*) Pourquoi ce refus? parce que votre père vous a confié à mes soins, et que, s'il vous plaît de prodiguer votre vie, il me plaît à moi de la défendre!.. je ne veux pas que vous mouriez dans mes mains.... ou je veux mourir avec vous... mon plan est fait... j'assisterai à toutes les visites qu'on vous fera, je vous suivrai dans toutes celles que vous serez obligé de rendre; bien plus, je goûterai le premier de tous les mets qui seront présentés sur votre table, et s'il faut que vous soyez empoisonné...

GEORGES, *rentrant.* Cette dame refuse toujours de lever son voile et de dire son nom ; mais elle insiste pour être admise, et m'a prié de présenter ce portrait à monsieur le comte...

LÉONCE, *regardant le portrait.* Que vois-je !.. cette figure ! . Oh ! mon talisman, mon talisman !.. vous aurais-je perdu ?... non, non !.. (*Il fouille dans sa poitrine.*) Reconnais-tu ce médaillon ?

JOSEPH. C'est celui qui nous fut envoyé il y a un an par une main inconnue avec un billet annonçant que c'était le portrait de votre mère.

LÉONCE. Compare...

JOSEPH. Les mêmes traits !..

LÉONCE, *au domestique.* Fais entrer cette dame...

(Georges sort.)

JOSEPH. Comme vous êtes agité... remettez-vous... cette dame avait bien besoin d'arriver !..

LÉONCE. Ah ! que dis-tu, Joseph ?.. on va me parler de ma mère !.. conçois-tu cela ?.. mon père ne m'a jamais rien dit de son histoire.... sinon qu'il avait été bien coupable envers elle... ah ! si quelque chose pouvait me rattacher à la vie, c'est la visite que je vais recevoir !..

(La dame voilée entre.)

SCENE VI.
LÉONCE, JOSEPH, ANTOINETTE.

LÉONCE. Grand Dieu ! c'est elle !

JOSEPH. Vous la connaissez ?

ANTOINETTE, *à Léonce.* A vous seul...

LÉONCE, *à Joseph.* Va-t'en !

JOSEPH. Mais, monsieur le comte...

LÉONCE. Sors, te dis-je !,.

JOSEPH, *à part.* Au fait... je ne peux pas pousser trop loin la surveillance... mais au moindre bruit...

(Il sort. Antoinette lève son voile et tombe à genoux.)

LÉONCE. Que faites-vous ?

ANTOINETTE. Ma place est à vos genoux, monsieur le comte... je viens chez vous comme une suppliante, et après ce qui s'est passé...je suis trop heureuse que vous me permettiez de vous parler.

LÉONCE. Mais levez-vous, madame...

ANTOINETTE. Je n'ose vous regarder.... quoiqu'un miracle du ciel vous ait sauvé une troisième fois... ce terrible accident a pu laisser sur vous des traces... (*elle le regarde*) non, non !.. je vous remercie, mon Dieu !.. tout-à-fait sauvé !..

LÉONCE. Comment concilier cette volonté de me perdre avec l'intérêt que vous semblez me témoigner ?

ANTOINETTE. Je n'ai jamais voulu votre perte !

LÉONCE. Cet homme n'avait point votre aveu ?..

ANTOINETTE. Devant Dieu, je le jure encore !

LÉONCE. Quel est-il donc ?

ANTOINETTE. Je viens vous le dire...

LÉONCE. Attendez !.. avant l'intérêt de ma vengeance, avant l'intérêt de ma vie... il en est un que je ne puis oublier... ce portrait... c'est bien celui de ma mère ?..

ANTOINETTE. Oui !...

LÉONCE. Vous l'avez donc connue ?

ANTOINETTE. Si je l'ai connue !..

LÉONCE. Et c'est vous qui m'avez envoyé ?..

ANTOINETTE. J'exécutais une de ses volontés dernières.

LÉONCE. Vous aviez été chargée de ses volontés dernières ? Ah ! maintenant, je vous crois innocente ! quel que soit le secret de votre conduite, gardez-le, madame, et parlez-moi de ma mère ! que me fait cet homme qui veut ma mort !... parlez... Oh ! parlez-moi de ma mère !...

ANTOINETTE, *s'asseyant.* Je tremblais ainsi quand vous m'avez surprise dans la maison de la rue Geoffroy-Langevin ; j'y venais pour obéir à un devoir aussi sacré que celui qui m'amène, et ma seconde démarche peut être aussi mal interprétée que la première !..

LÉONCE. Quel souvenir et quel rapprochement !..

ANTOINETTE. Monsieur le comte, votre mère est née en Bretagne d'une famille noble, mais pauvre ; bien jeune encore, elle épousa, par ordre de son père, un officier de marine, noble et pauvre comme elle. Après six mois d'union, son mari fut obligé de partir. Elle resta deux ans sans recevoir de ses nouvelles ; puis elle apprit qu'il était mort en Angleterre, dans une douloureuse captivité. Elle pleura cet époux qu'elle estimait, comme le plus loyal des hommes ; mais elle ne l'avait pas aimé !... Un autre lui avait inspiré, bien avant son mariage, un de ces amours que le temps fortifie et qui grandissent dans le combat. Mais c'était l'héritier de l'illustre maison des Mondoville ; leur union ne pouvait s'accomplir ; elle en avait fait pourtant le rêve de sa vie... votre père prenait le ciel à témoin que c'était aussi le rêve de la sienne... il pouvait devenir libre.. que vous dirais-je ? seule, sans appui, devenue presque en même temps veuve et orpheline, elle commit une faute que vingt ans de larmes ont peut-être expiée...

LÉONCE. Pauvre mère !

ANTOINETTE. Un coup de foudre la réveilla ; c'était peu de temps après votre naissance : elle apprit tout-à-coup que ce mari dont elle avait pleuré la mort allait revenir dans sa maison. Elle avait un fils, elle eut le courage de vivre ; et pourtant il fallut se séparer de vous pour toujours. Dieu voulut que M. de Mondoville s'attachât tendrement à vous ; mais, jeune, plein de passion et d'imprudence, il oublia ce qu'il devait à votre mère. Des bruits offensans pour son honneur accueillirent le retour de son mari ; il provoqua votre père, et ce duel, dont vous connaissez l'issue, attira sur lui la vengeance de votre famille. Il fut obligé de renoncer à son état, à sa patrie... Accablé d'injustices, il prit en haine les hommes et leurs lois ; mais toujours fidèle au pays qu'il abandonnait, il n'exerça sa vengeance que sur une nation ennemie de la sienne... Sa femme l'avait suivi dans l'exil... et ce fut dans l'exil qu'elle devint mère une seconde fois... hélas !... elle traîna pendant quinze années une existence bien malheureuse !.. et que sa mort eût été cruelle si elle se fût doutée qu'à quelque distance de son lit d'agonie son fils était engagé dans un combat terrible avec son époux !... oui, ce n'est pas en France et dans la rue Geoffroy-Langevin que vous l'avez vu pour la première fois, c'est dans les mers d'Amérique, sous un ciel de feu, à travers des nuages de sang et de fumée. Il commandait un brick qui s'appelait *le Vengeur ;* vous serviez à bord d'une frégate qui s'appelait *la Bellone....*

LÉONCE. N'achevez pas... je vois tout... cet homme dont la figure ne m'était pas inconnue, c'était Jaffier !... Jaffier, le brave marin, le noble proscrit, un camarade !... Et sa femme, dites-vous, eut un autre enfant ?

ANTOINETTE. C'est elle qui est à vos genoux et qui vous demande grâce pour son père !

LÉONCE. Ah ! c'est à moi de tomber aux vôtres et d'implorer votre pardon pour tout ce que j'ai fait !...

ANTOINETTE. Mon père défendait contre vous mon honneur, qui lui est plus cher que le sien... et sa vie, qui est nécessaire à la mienne... songez qu'il n'a que moi sur la terre ! c'est hier seulement, c'est devant vous que j'ai appris qu'il avait juré votre perte ; il était trop tard pour prévenir le dernier attentat où vous avez failli succomber !... Mais c'est bien le dernier, je vous le jure... et malgré la haine que François Jaffier porte à votre nom, malgré ses défis, malgré ses sermens, il ferait, maintenant, pour vous sauver, tout ce qu'il a fait pour vous perdre... comment ce changement s'est opéré... il est inutile que je vous l'apprenne, mais vous m'en croyez sur parole, n'est-ce pas ?... Mon père n'est plus votre ennemi ; êtes-vous encore le sien ?...

LÉONCE. Moi, son ennemi ! les faits répondront pour moi... ah ! je réparerai peut-être mes torts envers votre père, mais envers vous !... vous que j'ai si cruellement outragée, que de remords vous m'auriez épargnés en m'apprenant plus tôt...

ANTOINETTE. Voici ma réponse et les preuves de ce que je vous ai dit. Des lettres de votre père écrites depuis votre naissance ; un billet de votre mère écrit la veille de sa mort !

LÉONCE, *lisant.* « Léonce, j'ordonne à » votre sœur de vous remettre mon image ; » mais je lui défends de vous révéler mes » fautes. Je voudrais que ce nom de mère » ne perdît pas à vos yeux son auréole de » pureté. Je la relève pourtant du serment qu'elle m'a fait, si, pour sauver votre vie, la sienne, ou celle du mari que » j'ai si cruellement offensé, elle avait » besoin de vous dire : Je suis votre sœur ! » mais que ce secret meure entre vous » deux ; il y va pour elle de la tendresse » de son père et pour moi de ma tranquillité dans le tombeau ! » Ma mère ! ma mère ! (*Après un silence.*) Je me tairai !

ANTOINETTE. Adieu ! je tremble qu'on ne se soit aperçu de mon absence... adieu encore... et soyez heureux !

LÉONCE. Un dernier mot... sous quel nom votre père est-il à Paris ?... dans son intérêt même ne me cachez rien.

ANTOINETTE. Sous le nom de M. Pombal, attaché à l'ambassade de Naples. C'est un service que l'ambassadeur lui a rendu pour avoir sauvé, dans le temps, un vaisseau de sa nation attaqué par une frégate anglaise.

LÉONCE. Bien !... bien !... et maintenant....

CHABANNE, *en dehors.* Comment, vieux fou... tu ne me connais pas ?... le marquis de Chabanne, morbleu !

JOSEPH, *de même.* Mon maître n'est pas visible ?

CHABANNE, *de même.* Il l'est pour moi, te dis-je !

ANTOINETTE. Ces voix !.. ô ciel ! où me cacher ?

LÉONCE. Une visite de MM. de Chabanne et de Bussy... Entrez dans mon appartement... mais non!.. il vaut mieux courir au-devant d'eux et les arrêter à cette porte... je reviens...

ANTOINETTE, *seule.* Ah! mon sang s'est glacé dans mes veines!.. Malheureuse!.. si mon mari me parlait de cette visite, comment me justifier!..

(La porte de droite s'ouvre brusquement ; Duresnel paraît.)

SCENE VII.
ANTOINETTE, DURESNEL.

DURESNEL. Je viens vous le demander, madame!

ANTOINETTE. M. Duresnel! c'est un rêve!

DURESNEL. Oui, c'est un rêve!.. Chez M. de Mondoville, vous!.. Ah! j'accuserais mes yeux de vous calomnier, s'ils ne voyaient pas votre front pâle de terreur... si votre main que je touche n'était pas glacée...

ANTOINETTE. Perdue!

DURESNEL. Et si ce mot de *perdue!..* n'était pas sorti le premier de votre bouche!.. Ah! vous n'avez pas été élevée comme les jeunes filles de ce pays!.. vous êtes franche comme une créole!.. Pardieu!.. votre éducation se fait bien vite, et votre franchise est sujette à caution... Allons, madame, relevez un peu la tête... affrontez de sang-froid mon regard... faites mieux votre métier de femme qui va me tromper!

ANTOINETTE. Henri! Henri! quelles horribles paroles!..

DURESNEL. Moins horribles que votre perfidie! J'aurais douté du jour avant de douter de vous!.. Il est certain maintenant que je ne croirai plus à rien sur la terre... Ecoutez et ne tremblez pas comme cela... Je vous parle avec calme, et comme un homme qui sait vivre... mais je ne veux pas être la dupe de mes scrupules ni de mon amour... Parlez!.. avez-vous à me dire quelque chose qui vous justifie? parlez vite... et songez que dans votre réponse il y a ma destinée et la vôtre.

ANTOINETTE. Ah! tuez-moi... mais ne me parlez pas ainsi... A voir votre sang-froid, on dirait que vous êtes heureux de me croire coupable.

DURESNEL. Vous cherchez à gagner du temps.

ANTOINETTE. Il ne faut qu'un mot pour me justifier.

DURESNEL. Dites-le donc...

ANTOINETTE. Je suis venue ici pour sauver mon père!..

DURESNEL. De quel danger?

ANTOINETTE, *à part.* Ah! je ne puis parler sans l'accuser d'un meurtre!..

DURESNEL. Vous ne répondez pas?..

ANTOINETTE. Je ne puis vous répondre.

DURESNEL. Ce mot qui vous justifie, madame!.. à l'instant... ou que les suites de tout ceci retombent sur vous!...

ANTOINETTE. Mais s'il faut que je commette un crime pour me justifier d'une trahison?. donnez-moi quelque temps pour y réfléchir!..

DURESNEL. Pas un instant!

ANTOINETTE. Pour consulter mon père!..

DURESNEL. Votre père!.. Tenez, madame, ne me parlez pas de votre père!.. c'est le surveillant de tous mes pas, l'espion de toutes mes pensées ; je le hais pour la tyrannie qu'il s'arroge et pour les bienfaits que j'en ai reçus... et le jour où je pourrai le lui dire en face sera le plus heureux de ma vie, entendez-vous?

ANTOINETTE. Pas d'imprécations!.. taisez-vous! taisez-vous!..

DURESNEL. Vous n'avez plus rien à me dire?

ANTOINETTE. Si vous saviez comme c'est une horrible chose de supposer que ce jeune homme est mon amant!.. vous-même, vous en seriez épouvanté!...

DURESNEL, *remontant la scène.* Ce n'est pas votre amant... Ecoutez!.. entendez-vous votre nom que ses amis prononcent avec un rire de dédain?.. O rage!.. mais il répond!.. il les provoque!.. il va se battre pour vous, madame ; à quel titre prend-il votre défense?

ANTOINETTE, *tombant sur un fauteuil presque évanouie.* Léonce!.. Ah!

DURESNEL. Léonce!.. adieu!.. soyez maudite!

(Il sort par la droite ; les portes du fond se rouvrent)

SCENE VIII.
ANTOINETTE, LÉONCE, JOSEPH*.

JOSEPH, *entrant le premier.* Il me semblait avoir entendu des voix!.. non, seule encore...

LÉONCE, *entrant et courant à elle.* Madame, qu'y a-t-il, au nom du ciel!

ANTOINETTE. Rien! rien!..

LÉONCE. Permettez-moi de vous reconduire...

ANTOINETTE. Laissez-moi!.. Je sais ce que vous venez de faire... Forcée de vous

* On a retranché cette scène à la première représentation.

quitter, je ne puis maintenant vous détourner de votre dessein... Mais ce duel n'aura pas lieu... vous réfléchirez.... vous n'exposerez pas inutilement votre vie... elle me coûte bien assez cher!

(Elle sort.)

JOSEPH. Que dit-elle?..

LÉONCE. Oui, je lui dois la vie!.. et c'est elle que Chabanne insulte... Ah! son sang ou le mien!.. Mon épée!.. mon épée!..

JOSEPH. Pourquoi faire?..

LÉONCE, sortant. Pour un duel!..

JOSEPH, seul. Miséricorde!.. il ne fallait plus que cela pour m'achever!

ACTE IV.

Le jour suivant, chez M. Duresnel. Salon du deuxième acte.

SCÈNE PREMIÈRE.

PICARD, LE MULATRE.

LE MULATRE. Il n'est pas rentré?

PICARD. Pas encore.

LE MULATRE. Je vais l'attendre...

PICARD. Lui apportez-vous des nouvelles?

LE MULATRE. Sur quoi?

PICARD. Sur l'événement de cette nuit... Ah! vous pouvez en parler avec moi, monsieur Scipion... je sais tout... voilà une histoire incompréhensible et tragique!.. Mᵐᵉ Duresnel, qui était rentrée tranquillement hier au soir dans son appartement, ne s'y retrouve plus ce matin... C'est une personne trop vertueuse pour avoir fui le domicile conjugal ; on l'a donc enlevée... mais qui?.. mais comment? il n'y a pas dans sa chambre une trace de violence... et si je n'avais pas vu sous ses fenêtres des pas d'hommes empreints sur les plates-bandes, je croirais qu'elle a été emportée par un esprit.

LE MULATRE. Les coupables avaient des intelligences dans la maison.

PICARD. J'en suis persuadé comme vous. Je suis d'avis qu'on nous soumette tous à un rigoureux examen... moi, le premier!.. c'est ce que j'ai dit à M. Duresnel, qui aurait déjà mis tous mes camarades à la porte, sans la crainte qu'il a d'ébruiter l'accident.

LE MULATRE. Il n'est donc pas connu?

PICARD. On ne le soupçonne même pas... toute la maison est persuadée que Mᵐᵉ Duresnel a été obligée de partir cette nuit pour Orléans , où la maladie d'une parente l'a appelée... Moi-même, si je sais la vérité, c'est qu'on m'a chargé de tromper les autres.

LE MULATRE. Bien!

PICARD. Voici M. Duresnel!..

LE MULATRE. Qu'il a l'air troublé!..

PICARD. Comme votre maître, ce matin.

SCÈNE II.

DURESNEL, qui entre en rêvant. LE MULATRE, PICARD.

DURESNEL, apercevant le mulâtre, fait un geste de surprise, et va vers lui. De la part de M. de Pombal?

LE MULATRE. Oui.

DURESNEL , à Picard. Eloignez-vous. (Picard se retire dans le fond.) Que me veut-il?

LE MULATRE. Il sait tout.

DURESNEL. Tout?

LE MULATRE. Il s'occupe de retrouver celle que vous avez perdue, et il espère réussir. Les démarches que vous feriez de votre côté ne pourraient qu'entraver les siennes. Voici donc ce qu'il m'a chargé de vous dire : Continuez à cacher cet événement à tout le monde. Il y va de l'honneur de M. de Pombal et du vôtre. Vos plaintes seraient inutiles, car les ravisseurs sont puissans ; laissez-les faire, et attendez.

DURESNEL. Les ravisseurs sont puissans.. vous les connaissez donc?

LE MULATRE. Peut-être !

DURESNEL. Mais , du moins , comment M. de Pombal a-t-il appris ce malheur?.. Je voulais le lui cacher, dans l'espoir que mes premières démarches...

LE MULATRE. N'accusez personne de vous avoir trahi. La position de M. de Pombal, nous oblige à placer nos amis partout, vous le savez... l'un des hommes qui ont fait cette nuit le guet autour de votre maison est un ancien camarade. Il a tout vu, et m'a tout raconté, ce matin, par hasard, dans une conversation amicale. Ah! s'il se fût douté qu'il s'agissait de la fille de son capitaine...

DURESNEL. Qu'a-t-il vu?

LE MULATRE. Un homme couvert d'un manteau et d'un masque, qui a ouvert aux ravisseurs la porte de vos jardins. Il y a un traître chez vous; mais, par la mort! nous le découvrirons. Mᵐᵉ Duresnel était plongée dans un sommeil trop profond pour qu'il fût naturel... mais nous saurons...

DURESNEL. Je guiderai vos recherches. Et que fait maintenant M. de Pombal ?

LE MULATRE. Il a pris une résolution décisive ; je ne la connais pas... mais j'espère... espérez aussi.

DURESNEL. C'est bien.

(Le mulâtre sort ; M. Duresnel se promène avec une vive anxiété.)

SCENE III.

DURESNEL, PICARD.

DURESNEL. Picard !

PICARD. Monsieur ?

DURESNEL. M. de Pombal est venu dans la journée ?

PICARD. Non, monsieur ; il est venu ce matin.

DURESNEL. Vous ne me le disiez pas , malheureux ?

PICARD. Je n'ai pas encore trouvé le moment de vous le dire.

DURESNEL. Qu'a-t-il fait ? qu'a-t-il dit ? Parlez, n'oubliez rien.

PICARD. Au premier regard que j'ai jeté sur lui, j'ai deviné qu'il savait tout. Il est entré dans ce salon, pâle et en chancelant. « Conduisez-moi près de Mme Duresnel... Elle est sortie, ai-je répondu suivant vos ordres... Sortie... c'est donc vrai... Il est inutile de me tromper... je sais qu'on l'a enlevée au milieu de cette nuit ; mais je doutais encore...» Alors, il est entré dans la chambre de madame, et il a regardé de tous les côtés ; puis, il s'est assis sur une chaise, sans rien dire, et j'ai vu des larmes qui tombaient de ses yeux.

DURESNEL. Mais il m'a demandé ?

PICARD. Il allait peut-être me parler de vous quand le mulâtre est arrivé. « As-tu » des nouvelles ? » lui a crié M. de Pombal. «|L'avis était juste, a répondu le mulâtre ; l'enlèvement a été conduit par l'homme que vous soupçonniez. »

DURESNEL. Par l'homme que vous soupçonniez ?

PICARD. M. de Pombal a levé les mains au ciel, puis il a fait un geste terrible, et ils sont partis tous les deux.

DURESNEL, *à lui-même*. De quel mystérieux pouvoir cet homme dispose'.. je n'avais pas songé à cela.

PICARD. S'il revient dans la journée, serez-vous visible pour lui ?

DURESNEL, *préoccupé*. Pour qui ?

PICARD. Pour M. de Pombal.

DURESNEL, *avec violence*. Je ne veux pas le voir, ni lui, ni le mulâtre... personne, entends-tu bien ?.. personne ! Va , cours ; s'il vient , on lui dira que je suis parti...

que je suis à la recherche... que je ne reviendrai pas de tout le jour... Ciel ! le voici ! (*A Picard.*) Laisse-nous.

(Picard sort.)

SCENE IV.

JAFFIER, DURESNEL.

JAFFIER, *s'avançant*. Allons, j'ai fait mon devoir... Comme vous êtes pâle, troublé ! je conçois que ma présence... je ne vous ai pas vu depuis qu'elle est partie...

DURESNEL, *à part*. Il ne sait rien. (*Haut.*) Dans la première émotion du malheur qui nous a frappés, j'étais sorti... je cherchais au hasard, sans but, comme un homme atteint de folie.

JAFFIER. Je suis heureux, alors, de ne vous avoir pas rencontré ; je n'avais pas plus de fermeté que vous... et le spectacle de notre désespoir n'aurait servi qu'à nous décourager l'un l'autre. Or ce qui pouvait sauver ma fille, ce n'étaient pas des pleurs, ce n'était pas même du sang ; il fallait une résolution soudaine !.. Si j'ai survécu à cette épreuve, c'est qu'en l'abandonnant aux brigands qui l'ont ravie, vous aviez dit : « Son père la sauvera !... » Mais la vengeance, mon Dieu ! la vengeance ! c'est à vous que je la lègue ; c'est vous seul qui pouvez vous en charger.

DURESNEL. Comment ?

JAFFIER. Oui ; ma fille n'avait que deux appuis dans le monde, son mari et son père ; elle est peut-être au moment de perdre l'un, votre premier devoir est de lui conserver l'autre.

DURESNET. Que dites-vous ?

JAFFIER. Mme Duresnel sera ici dans une heure... mais les dangers qu'elle court ne seront qu'à moitié conjurés ; il faut sur-le-champ prendre la fuite, et partir avec elle pour l'Italie.

DURESNEL. Ici ? dans une heure ?

JAFFIER. Avant qu'une deuxième heure soit écoulée, je vous aurai fait mes adieux.

DURESNEL. Quoi ! enlevée de cette nuit, aujourd'hui-même elle me serait rendue.. mais qu'avez-vous donc fait... comment avez-vous pu ?...

JAFFIER. Vous le saurez un jour.

DURESNEL. Pourquoi ce départ ?

JAFFIER. Ai-je d'autre pensée que celle de votre bonheur ? ce départ est nécessaire.

DURESNEL. Daignez songer...

JAFFIER. Que votre intérêt vous retient à Paris... mais si votre honneur vous en exile... partez, croyez-moi, chargez un ami de présenter vos comptes, et de vendre votre emploi. Ce que vous avez de plus cher au monde, ce n'est ni votre état, ni votre fortune, n'est-ce pas? c'est ma fille!

DURESNEL. Sans doute, sans doute.

JAFFIER. Eh bien, donc! faut-il tout vous dire... Apprenez que votre femme est aimée du roi... de ce roi tout-puissant et débauché, qui regarde l'honneur et la liberté de ses sujets, ces deux choses saintes, comme des jouets que Dieu lui a donnés. C'est dans son palais qu'on l'a conduite; celui qui a mené cette infâme intrigue, c'est M. de Sartines! Vous voyez bien qu'il n'y a moyen de leur arracher ma fille qu'en la conduisant sur une terre d'asile. Sauvez-la, sauvez-vous. Je comprends vos irrésolutions et votre désespoir... vous voudriez vous venger de qui que ce fût et à quelque prix que ce fût. Je le voudrais aussi moi, mais comment? mais comment? mettons d'abord en sûreté la vie et l'honneur d'Antoinette, et laissons Dieu faire le reste.

DURESNEL. Je partirai, monsieur, je partirai... mais vous?

JAFFIER. J'irai vous rejoindre... plus tard..... faites-le bien comprendre à ma fille!... vous savez comme elle m'aime!.. séparée de son père, elle rêvera pour lui toutes sortes de dangers! Tâchez de la rassurer!.. tâchez qu'elle soit heureuse!.. si vous la surprenez quelquefois pleurant et triste, ne lui demandez pas compte de ses larmes; c'est moi seul qu'elle pleurera, entendez-vous?.. Je ne me repentirai jamais de vous l'avoir donnée, monsieur Duresnel; mais cet inestimable présent que je vous ai fait, songez-y bien, vous le devez, avant tout, à l'amitié que j'avais pour votre père!.. que ce souvenir sacré soit toujours entre elle et vous. Allez maintenant, préparez tout pour votre départ.

DURESNEL, *à part.* Que s'est-il passé?.. je tremble!.. Ce secret terrible, dont il sait déjà la moitié... il en apprendrait bientôt le reste!.. Oui, oui, je m'éloignerai.

(Il sort.)

SCÈNE V.

JAFFIER, *assis.* LE MULATRE.

LE MULATRE. Eh bien! vos démarches ont-elles réussi? votre fille...

JAFFIER. Elle va m'être rendue!

LE MULATRE. Quel inexplicable bonheur?..

JAFFIER. Je vais te le dire.... auparavant... j'ai quelque chose à te demander.

LE MULATRE. Quoi donc?

JAFFIER. Un serment. Jure que tu feras ce que je vais te commander de faire.... rien de moins, rien de plus.

LE MULATRE. A quoi bon jurer, maître? n'ai-je pas l'habitude de recevoir vos ordres et de les exécuter sans réplique?

JAFFIER. N'importe!..

LE MULATRE. Eh bien! je prononce le serment que vous me demandez.

JAFFIER. Sur la mémoire de ton père?

LE MULATRE, *après une pause.* Soit!..

JAFFIER. Depuis combien de temps nous connaissons-nous?

LE MULATRE. Depuis dix ans.

JAFFIER. As-tu jamais eu à te plaindre de moi?

LE MULATRE. Parlez-vous sérieusement, capitaine? Souvenez-vous de nos voyages et de nos guerres, de l'ardeur avec laquelle je vous ai servi.

JAFFIER. Enfin, tu m'es dévoué?

LE MULATRE. En voulez-vous de nouvelles preuves?

JAFFIER. Si je tombais au pouvoir de ceux qui me cherchent... cela peut arriver... tu ferais tout pour me délivrer?

LE MULATRE. Et je serais secondé par une bonne poignée d'anciens soldats et d'amis fidèles... nous brûlerions Paris ou vous seriez libre.

JAFFIER. Je ne veux pas exposer tant de braves gens pour une vie dont j'ai fait le sacrifice. Je veux qu'on me laisse en prison si je suis fait prisonnier; qu'on me laisse mourir si je suis condamné à mort.

LE MULATRE. Que dites-vous là, maître?

JAFFIER. Je dis que tu as juré sur la mémoire de ton père, et que je te somme de tenir ton serment.

LE MULATRE. Non, non!.. c'était un piége!... mais, après tout, qu'importe!... vous voulez m'éprouver, sans doute!.. Est-ce qu'on arrêtera jamais François Jaffier?..

JAFFIER. Il y a un homme qui s'est chargé de le livrer à M. de Sartines, aujourd'hui à quatre heures.

LE MULATRE. Dans quel lieu?

JAFFIER.. Ici...

LE MULATRE. Tête et sang!.... quel est cet homme?

JAFFIER, *se levant.* C'est moi!

LE MULATRE. Vous?

JAFFIER. Ma fille était enlevée par les ordres du roi, nous l'eûmes bientôt découvert!.. Le roi son ravisseur! que de désespoir dans cette seule parole !... Les quelques amis dont je dispose avaient pu me venger du comte de Mondoville ; mais arracher ma fille au roi de France !.. l'auraient-ils fait ? Je vis tout d'un coup la seule chance de salut que Dieu lui avait gardée. M. de Sartines avait tout conduit ; je courus à son hôtel, et me présentant à lui sous le nom de M. de Pombal : « Vous avez mis à prix, lui ai-je dit, la tête d'un corsaire nommé François Jaffier ; je connais la retraite de cet homme, et voici à quelle condition je puis vous la dire : que Mme Duresnel soit reconduite chez son mari aujourd'hui à quatre heures ; à quatre heures je vous livrerai Jaffier.

LE MULATRE. Et ce marché ?..

JAFFIER. Comment ne l'aurait-il pas accepté ?... Quel que soit le prix dont on lui ait payé le déshonneur de ma fille, l'Angleterre lui paiera plus généreusement ma tête.

LE MULATRE. Qu'avez-vous fait ?.. vous vous êtes perdu !

JAFFIER. J'ai sauvé ma fille !.. ai-je dû m'occuper du reste ?

LE MULATRE. Perdu !.. rompez ce pacte horrible.... tenez, je ne sais ce qu'on peut faire pour retrouver votre fille.... mais je jure que nous la retrouverons !.. venez !..

JAFFIER. Cette maison est déjà cernée par les agens de M. de Sartines... j'ai dû remettre ma personne dans ses mains pour gage de l'exécution de ma promesse..... tout le monde y peut entrer... personne n'en peut sortir... vois plutôt...

LE MULATRE, à la fenêtre. C'est vrai !.. c'est vrai !... par là, une compagnie de gardes ; par ici, M. Duval et ses agens... ah ! que faire ?.. Ah !.. votre volonté, je le vois, est inébranlable, et le dernier vœu que je forme est que votre fille ne vienne pas !..

JAFFIER. Écoute.... écoute.... c'est le bruit d'une voiture ; elle s'arrête à cette porte...

LE MULATRE. Grand Dieu !

ANTOINETTE, en dehors. Mon père !... mon père !...

JAFFIER. Ah ! c'est elle !... laisse-nous, Scipion, et, quoi qu'il arrive, ne te perds pas inutilement.... ne reparais plus.

(Le mulâtre sort.)

SCENE VI.

JAFFIER, ANTOINETTE ; puis PICARD.

ANTOINETTE, accourant. Où est-il ?.. où est-il ?... Mon père !.. ah !..

JAFFIER. Antoinette !...

ANTOINETTE. Est-ce bien vous que je vois ?.. est-ce bien dans ma maison qu'on m'a ramenée ? oh ! si c'est encore un rêve, fasse le ciel que je ne me réveille pas !... ah ! c'est vous !...

JAFFIER. Ma fille !.. Je me croyais plus de courage !.. oh ! parle !... parle !... j'ai besoin de te voir et de t'écouter... Oh ! je t'ai vue hier, et il me semble que nous étions séparés depuis un siècle.

ANTOINETTE. C'est qu'une minute de douleurs pareilles à celles que nous avons souffertes s'écoule plus lentement qu'une année de joie !.. oh ! vous ne me quitterez plus, n'est-ce pas ?

JAFFIER. Ne crains rien...

ANTOINETTE. Où est M. Duresnel ?

JAFFIER. Tu vas le voir...

ANTOINETTE. Qu'il a dû souffrir !..

JAFFIER. Pas plus que moi !

ANTOINETTE. Mon père !.. oh ! mais expliquez-moi tout ceci : comment m'a-t-on ravi la liberté, et pourquoi me l'a-t-on rendue ?

JAFFIER. Plus tard !.. plus tard !.. parlons de toi... de toi seule !.. réponds-moi comme à Dieu, ma fille... (Il la regarde.) Oh ! tu n'as pas rougi en fixant tes yeux sur les miens !.. oh !.. tu es toujours mon ange !.. Mon Dieu !... rien n'est perdu !.. mon Dieu !.. le souvenir de cette journée pourra s'effacer comme la trace de tes larmes.

ANTOINETTE. Je me suis endormie hier d'un sommeil lourd, étrange, sans rêves... la dernière pensée de ma journée est toujours pour vous, mon père !... eh bien ! j'ai fermé les yeux sans prononcer votre nom !.. Quand je me suis éveillée, j'ai vu un jour inconnu.... un appartement inconnu, une femme inconnue !.. Je me suis effrayée, j'ai interrogé cette femme, et chacune de ses réponses était un nouveau sujet de terreur !.... Enfin j'ai compris toute l'étendue de mon malheur !.. j'ai demandé à être seule, et je me suis mise à prier Dieu !..

JAFFIER. Pour toi ?

ANTOINETTE. Pour vous !.... la prière et la solitude m'ont rendu un peu de courage ; alors, un homme est venu...

venu….. je ne veux pas vous dire son nom…

JAFFIER. Je le sais. .

ANTOINETTE. Vous savez donc ce qu'il m'a dit?.. vous savez l'horrible honneur… J'ai demandé pour quel crime on me privait de la liberté….. j'ai demandé qu'on me rendît à M. Duresnel. A ce nom, celui qui me parlait a souri… qu'a-t-il osé me dire ?.. je ne m'en souviens plus… mais je sais que je me suis levée, et que je l'ai appelé lâche!… Il est sorti… peu de temps après son départ, je me suis aperçue qu'il avait, exprès ou par mégarde, laissé tomber une lettre à mes pieds. Le souvenir de mon enlèvement, du sommeil affreux dans lequel j'avais été plongée, m'a fait craindre quelque nouveau piége… j'ai ramassé cette lettre… mais je ne l'ai pas ouverte…

JAFFIER. Donne!…

ANTOINETTE. Vous voulez?

JAFFIER. Qu'est-ce que cela signifie?

(Il lit bas.)

ANTOINETTE. Que j'ai souffert!… que de projets désespérés se sont heurtés dans mon esprit jusqu'au moment où, la porte de ma prison se rouvrant une seconde fois, on est venu me dire : Vous êtes libre!… libre!. . J'ai suivi ceux qui me parlaient, et… mon père!… qu'avez-vous?… un éclair terrible a passé dans vos yeux!…

JAFFIER. Duresnel!.. mais c'est un prestige!… non… non!…

ANTOINETTE. Cette lettre?…

JAFFIER. Elle est bien de lui… cette lettre!…

ANTOINETTE. Que vous a-t-elle appris?

JAFFIER, *après un silence.* Le nom du plus infâme de tes ravisseurs.

ANTOINETTE. Et c'est?…

JAFFIER. Tu ne le sauras pas…

ANTOINETTE. Oh! point de vengeance!.. la trahison a été déjouée… qu'importe le reste ?…

JAFFIER. Qu'importe le reste!… (*A lui-même.*) Quoi! c'est pour rendre ma fille à un pareil homme que je viens de livrer ma vie!… je ne m'étonne plus si M. de Sartines a consenti si vite au marché que je lui proposais!… (*Il se précipite sur une sonnette et l'agite avec violence; Picard entre par la droite.*) M. Duresnel… M. Duresnel!…

PICARD. Il vient de sortir.

JAFFIER. Il vient de sortir?…

PICARD. A l'instant même!

JAFFIER. N'importe!… mon serment ne me retient plus! je ne veux pas qu'il m'échappe!

ANTOINETTE. Vous échapper, qui?

(Les portes du fond s'ouvrent, paraît M. de Sartines accompagné de plusieurs gardes.)

JAFFIER. Oh! qu'est-ce donc que j'ai fait à Dieu?-…

SCENE VII.

ANTOINETTE, JAFFIER, DE SARTINES, PICARD, DES ARCHERS DE LA MARECHAUSSÉE; DOMESTIQUES DES DEUX SEXES [*].

DE SARTINES. Il est quatre heures… et je viens réclamer l'exécution de votre promesse.

ANTOINETTE. Qu'a-t-il promis?

JAFFIER. Eloignez-vous, madame…

ANTOINETTE. Je ne vous quitte plus.

DE SARTINES. Où est François Jaffier?

JAFFIER. Eloigne-toi, ma fille [**]…

ANTOINETTE. Mon père !..

JAFFIER. Vous me connaissez maintenant… Il n'y avait que le sang du père qui pût racheter l'honneur de la fille, et que Jaffier qui pût livrer Jaffier… Une belle journée pour vous et pour l'Angleterre!… Levez donc les yeux, monseigneur, et regardez-moi en face… Vous êtes tout pâle de votre triomphe.

DE SARTINES. Marchons.

ANTOINETTE. Non, vous ne les suivrez pas; c'est une folie, c'est un crime; grâce pour moi… monseigneur, pour lui!… vous pouvez accepter le dévouement qui lui fait donner sa liberté pour la mienne; mais je ne l'accepte pas, moi!…

DE SARTINES. Faites vos adieux, madame…

ANTOINETTE. Mes adieux! mes adieux! que dit cet homme? il veut vous emmener, mon père?… et il ne veut pas que je vous suive?… Nous verrons s'il aura le pouvoir de m'arracher de vos bras… je vous suivrai en prison!… à l'échafaud même!… je meurs!…

(Elle chancelle.)

JAFFIER. Antoinette!… Antoinette!… cette séparation n'est pas éternelle!… il y a un Dieu pour les filles qui aiment si pieusement leur père!… nous nous reverrons!… Arrachez-moi d'ici, monseigneur.

SCENE VIII.

LES MÊMES, LEONCE.

LÉONCE. Demeurez!…

JAFFIER. Monsieur de Mondoville!…

LÉONCE. Sauvé!… sauvé!…

ANTOINETTE *et* DE SARTINES. Sauvé!…

[*] Jaffier, M. de Sartines , Antoinette, Picard , les accessoires dans le fond.

[**] M. de Sartines, Jaffier, Antoinette.

LÉONCE, *à Jaffier*. Je viens de Versailles... j'ai demandé votre grâce au roi, et, pour la première fois, j'ai osé lui rappeler un service que j'avais été assez heureux pour lui rendre. « Je vous dois la vie, m'a-t-il dit, et je ne puis vous refuser la grâce que vous me demandez ; mais j'y mets une condition qui concilie mes devoirs de monarque et ceux de ma reconnaissance. » Alors il a écrit et cacheté le paquet que voici!... c'est vous seul qui devez l'ouvrir. Lisez...

ANTOINETTE. Et quelle est la condition qui lui est imposée? l'exil, sans doute!... Ah! quoi que ce soit, vous accepterez, mon père?...

LÉONCE, *à Antoinette, pendant que Jaffier décachète la lettre du roi**. Je suis arrivé bien tard ; mais mon duel avec M. de Chabanne!... Il n'est que légèrement blessé, mais il se taira.

JAFFIER, *lisant***. « Il est fait grâce de la » vie au corsaire François Jaffier, à condi-
» tion qu'il déclarera sur l'honneur être
» innocent de la mort du chevalier de Gon-

* Ces trois lignes se retranchent à la représentation.
** M. de Sartines, Léonce, Jaffier en avant, Antoinette, etc.

» drecourt, ou qu'il livrera son assassin à » la justice. » (*Silence; Jaffier jette un regard sur sa fille, qui l'implore du geste, et sur Léonce, qui le regarde avec anxiété.*) Ni une trahison... ni un mensonge!... (*Antoinette jette un cri, et tombe dans les bras de deux femmes qui lui prodiguent leurs soins.*) Mon Dieu! veillez sur elle!...

(Il sort avec M. de Sartines et les gardes.)

SCENE IX.

LÉONCE, ANTOINETTE, *évanouie et entourée de ses femmes*, LE MULATRE, *paraissant à une porte latérale.*

LE MULATRE. Un mot!...

LÉONCE. Que me voulez-vous?

LE MULATRE. Vous apportiez ici la grâce de Jaffier?

LÉONCE. Mais il l'a refusée!... il n'a pas voulu livrer le meurtrier de M. de Gondrecourt.

LE MULATRE. Si l'assassin était découvert, Jaffier aurait donc sa grâce ?

LÉONCE. J'en réponds.

LE MULATRE. Conduisez-moi chez M. de Sartines.

ACTE V.

Une autre chambre dans la maison de M. Duresnel. Des boiseries d'une couleur sombre, une fenêtre grillée. Une porte à droite, une porte au fond.

SCENE PREMIERE.

ANTOINETTE, LÉONCE.

ANTOINETTE. Quoi! sauvé, dites-vous?.. Répétez-moi que je n'ai plus rien à craindre. C'est un miracle que sa délivrance, et depuis quelque temps, tant d'orages ont fondu sur moi que je n'ai plus de crédulité que pour le malheur.

LÉONCE. Sa grâce lui était accordée à condition qu'il nommerait l'assassin de Gondrecourt. Il était incapable d'une trahison ; mais l'assassin a voulu se dénoncer lui-même, et c'est moi qui, sans le connaître, l'ai conduit chez M. de Sartines.... mélange inouï de grandeur et de férocité! cet homme, qui vivait dans le meurtre, s'est élevé tout d'un coup à l'héroïsme de la reconnaissance. Il a donné sa vie sans regrets, comme il avait pris sans remords celle de mon malheureux ami! je ne m'étonne plus que Jaffier ait fait tant de choses; quand on commande de pareils hommes!.. Le coupable une fois connu, les

intentions du roi étaient remplies, et sa clémence a suivi son cours.

ANTOINETTE. Et qu'a dit mon père en apprenant à quel prix il retrouvait la liberté, la vie?

LÉONCE. Il voulait refuser l'une et l'autre ; mais le mulâtre ayant donné toutes les preuves de son crime, les dénégations de votre père n'auraient pu le sauver!..

ANTOINETTE. Ainsi donc, sans le dévouement de Scipion, je serais maintenant orpheline!... Mon Dieu! quand cet homme paraîtra devant vous, ne le jugez pas trop sévèrement! la dernière action de sa vie peut compenser toutes les autres, et les voix de ses victimes qui s'élèveront vers vous pour crier : « Vengeance! » n'étoufferont pas la mienne qui vous demandera pitié.

LÉONCE. Dieu puisse-t-il être plus clément envers lui que le roi ne l'est envers votre père! Cédant à des influences nouvelles, il a retiré d'une main la moitié du bienfait qu'il accordait de l'autre. Votre père est libre; mais, sous peine de la vie, il faut qu'avant le jour il ait quitté Paris, et qu'avant trois jours il ait quitté la France. Ce n'est plus la mort, c'est l'exil!

ANTOINETTE. L'exil!.. ah! il n'y aurait qu'un exil pour lui!.. Ce serait d'être séparé de sa fille... et, n'en doutez pas, M. Duresnel et moi, nous le suivrons.

LÉONCE. Il pourra partir, en effet; cette nuit ou demain il recevra sa démission de tous les emplois qu'il occupe.

ANTOINETTE. Libre! tout-à-fait libre!.. Et je ne me trouverai pas dans la nécessité de choisir entre mon mari et mon père, même pour un court espace de temps! Vous ne savez pas comme j'étais malheureuse par les travaux de l'un, par les dangers de l'autre!.. ah! par quel chemin Dieu m'a conduite à l'accomplissement de tous mes rêves! d'une disgrâce et d'un exil, il fait naître le bonheur pour tous les trois.. Mais où est mon père? que fait-il?

LÉONCE. Vous le verrez bientôt... des devoirs sacrés le retiennent! et puis, il s'occupe de son départ.

ANTOINETTE. Ah! je le consolerai bien vite de quitter cette patrie ingrate où jamais il n'était sûr de son lendemain. Nous retournerons à Domingue, notre île chérie, que je ne comptais plus revoir! (*Léonce fait un mouvement et se détourne; elle s'arrête un instant.*) Une seule pensée troublera notre bonheur!.. nous laissons en France un ami, c'est vous! un tombeau, celui de ma mère! mais je confie l'un à la piété de l'autre! chaque année, vous ferez en Bretagne le pélerinage que j'y faisais moi-même, et l'humble croix qui couvre ce cœur dont nous fûmes tant aimés ne manquera jamais de couronnes!..

LÉONCE. Je vous le promets!

ANTOINETTE. Ah! vous êtes bon et Dieu est juste! et vous aussi, vous serez heureux! Vous la rencontrerez bientôt celle dont vous serez aimé comme vous 'méritez de l'être!..

LÉONCE. Ah! que dites-vous! dans quelle blessure retournez-vous le poignard!.. N'est-ce pas assez de me parler de votre bonheur! faut-il me rappeler encore l'impossibilité du mien?.. Recevez le serment que je vous fais : le nom des Mondoville sera enseveli dans ma tombe! je conserverai dans mon cœur, comme dans un sanctuaire, les impressions de mon premier et de mon dernier amour, et je ne souffrirai pas qu'une main de femme le rouvre : l'avenir n'a pas d'espérance qui vaille un seul de mes souvenirs! Je vous afflige.. pardon!.. vous n'avez plus devant vous que votre frère! et si mes regrets sont un crime, une absence éternelle va m'en punir!

ANTOINETTE. Hélas! oubliez-moi... je n'aurai paru dans votre vie que pour la troubler! et soyez moins jaloux de mon bonheur; ce n'est qu'en tremblant que j'ose y croire!.. cette joie que j'ai laissé éclater devant vous n'est qu'un éclair dans une nuit sombre!.. placée entre deux affections rivales, quand vous êtes entré, j'étais également inquiète pour mon mari et pour mon père; vous m'avez rassurée sur le compte de l'un, mais l'autre?..

LÉONCE. M. Duresnel n'est pas ici?

ANTOINETTE. Je ne l'ai pas vu depuis mon retour... tout un jour sans le voir!.. et quel jour!..

LÉONCE. Disposez de moi... parlez!.. où faut-il le chercher?

ANTOINETTE. Le chercher... vous? après ce qui s'est passé?.. oh! non! non!..

LÉONCE. Que s'est-il passé?

ANTOINETTE. Mes inquiétudes sont folles! je n'ai rien à craindre... il va revenir...

LÉONCE. Et moi je vous quitte!

ANTOINETTE. Oh! je ne reçois pas encore vos adieux!.. ce n'est pas ainsi que nous devons nous séparer!..

LÉONCE. Jaffier m'a donné rendez-vous chez lui, au moment de son départ... vous y verrai-je?

ANTOINETTE. Quoi qu'il arrive, sans doute!

LÉONCE. Au revoir, alors... je ne vous dis pas encore ce mot cruel... adieu!

(Il sort par le fond.)

ANTOINETTE, *seule.* J'y suis décidée!... M. Duresnel saura tout... je lui dirai quel devoir m'amenait chez M. de Mondoville, et quel lien m'unit à lui!.. Me justifier!.. qui m'eût dit qu'un jour il pourrait douter de mon cœur?.. moi, je n'ai jamais douté du sien!.. mais il raison après tout... toutes les apparences m'accusent!.. que de malheurs l'ont frappé à la fois!.. qu'il me tarde de le détromper! (*Une pause.*) N'ai-je pas entendu, de ce côté, un bruit de pas et des voix étouffées?.. rien!.. Cette lampe!.. on dirait qu'elle va s'éteindre!.. elle jette un rayon terne et vague comme le dernier regard d'un mourant... une lueur pareille éclairait le lit de ma mère à l'heure de son agonie... ah! mes terreurs sont trop fortes... Dieu m'avertit qu'il y a un danger nouveau sur moi, ou sur ceux qui me sont chers... mais je vais savoir la vérité!.. On vient... c'est M. Duresnel ou mon père!.. (*Elle court au fond du théâtre; entrent Picard et une femme de chambre.*) Ni l'un, ni l'autre.

SCENE II.

ANTOINETTE, PICARD, une Femme de chambre.

PICARD. Une lettre, madame...

ANTOINETTE. De M. Duresnel?

PICARD. De M. de Pombal.

ANTOINETTE. De mon père!.. vous savez maintenant que c'est mon père... mais je vous avais envoyé à la recherche de mon mari... vous ne l'avez donc pas rencontré?

PICARD. Je n'ai rencontré que votre père, qui m'a chargé de ce message.

ANTOINETTE, *lisant.* « Je devais partir au » point du jour, mais je suis instruit qu'on » cherche à faire révoquer au roi l'arrêt » qui me gracie... je pars dans une heure; » hâte-toi, et viens recevoir-mes adieux... » nous nous rejoindrons à Bruxelles!.. » Il part dans une heure?

PICARD. Oui, madame.

ANTOINETTE. Pourquoi n'est-il pas venu lui-même? c'est bizarre!.. oh! mais il y va de sa vie!.. Marie! mon voile, mon chapeau... où m'attend-il?

PICARD. Chez lui!.. j'ai fait avancer une voiture... (*Bas à la femme de chambre.*) C'est convenu, ne la quittez pas, et ne la laissez pas revenir.

ANTOINETTE. Ah! mon Dieu! et Henri!.. Si mon mari rentre dans mon absence, vous lui direz qu'un devoir sacré m'a obligée à sortir.. tenez, vous lui montrerez cette lettre... il comprendra...

(Elle sort avec Marie; la porte de droite s'ouvre : paraît Jaffier, qui la regarde s'éloigner.)

SCENE III.

JAFFIER , PICARD.

JAFFIER. Bien! il fallait qu'elle sortît de cette maison... je n'aurais pu mentir devant elle.... Cette femme de chambre sait ce qu'elle a à faire?

PICARD. Faire patienter madame, lui dire que vous allez venir...

JAFFIER. Au reste , le cocher de sa voiture est averti, je serai chez moi presque aussitôt qu'elle... Voici une bourse qui contient les vingt-cinq louis que je vous ai promis... sortez maintenant.

(Picard sort; Jaffier va à la porte de droite, et introduit un homme enveloppé dans un manteau.)

SCENE IV.

JAFFIER, L'HOMME AU MANTEAU.

JAFFIER. Il est-là, dis-tu?

L'HOMME. Ils viennent de le faire entrer par la porte du jardin.

JAFFIER. Où l'a-t-on rencontré?

L'HOMME. A quelque distance de l'hôtel de M. de Sartines.

JAFFIER. S'est-on facilement rendu maître de sa personne?

L'HOMME. Il a tiré son épée pour se défendre; en essayant de la lui arracher, on l'a blessé légèrement au bras.

JAFFIER. Si nos gens te demandent les raisons de l'ordre qu'ils ont reçu, dis-leur que c'est une justice.

L'HOMME. Je le leur dirai.

JAFFIER. S'ils te demandent ce que deviendra Scipion, dis-leur que j'ai donné à son geôlier la moitié de ce qui me restait (s'il l'avait fallu j'aurais donné tout!), et que demain Scipion sera libre!

L'HOMME, *faisant un pas pour sortir.* Je le leur dirai.

JAFFIER. Encore un mot... N'est-ce pas toi qui es venu chez ma fille il y a trois jours?

L'HOMME. C'est moi.

JAFFIER. Qu'avait-elle à te dire?

L'HOMME. De lui faire une clef sur une empreinte en cire qu'elle m'a donnée.

JAFFIER. Nous reparlerons de cela tout-à-l'heure; ils peuvent l'amener ... va! (*Seul.*) Oui, c'est une justice; et cependant mon cœur bondit dans ma poitrine, et ma main se crispe sur ce poignard, comme si ce n'était qu'une vengeance !

SCÈNE V.

JAFFIER , DURESNEL , *se débattant au milieu des trois hommes qui l'amènent devant Jaffier.*

DURESNEL. Laissez-moi, assassins et bandits, laissez-moi!.. Où me conduisez-vous?.. M. de Pombal!..

(Il laisse tomber son épée.)

JAFFIER. Il n'y a plus de M. de Pombal! On m'appelle maintenant François Jaffier.

DURESNEL. Cette violence... est-ce vous qui l'avez ordonnée?

JAFFIER. Quelle violence?.. Ah ! ils vous ont égratigné le bras ?.. excusez-les et pardonnez-moi, mon gendre; nous avons tous les manières un peu brusques ; d'anciens corsaires!.. mais cette blessure est trop légère pour vous inquiéter. (*Sur un signe de Jaffier les trois individus se retirent.*) Rassurez-vous.

DURESNEL. Devant vous , et dans ma maison, je n'ai rien à craindre...

JAFFIER. J'ai de bonnes nouvelles à vous donner, monsieur : ma fille est retrouvée.

DURESNEL. Retrouvée !

JAFFIER. Je vous l'avais promis ; et mes promesses, comme mes menaces, se réalisent toujours. Je ne vous ai pas dit alors de quel prix je payais sa liberté ; maintenant, je puis vous l'apprendre. Je m'étais dévoué pour vous et pour elle !.. J'avais juré de livrer François Jaffier à M. de Sartines, à condition qu'il vous rendrait votre femme... un pacte de sang, vous voyez, et dont j'aurais été la victime si le ciel n'était venu à mon secours ! je croyais ma mort assurée... Il se trouve que j'en suis quitte pour l'exil ! Mais je dois employer à un grand acte de justice les dernières heures que je passe en France, et c'est à ce sujet que j'ai voulu vous consulter.

DURESNEL. Moi ?

JAFFIER. Pendant les quinze années que j'ai passées sur mer, j'ai contracté l'habitude de rendre autour de moi justice basse et haute ! Dès qu'il se commettait sur mon bord quelque infraction aux lois de notre société, je faisais venir devant moi le coupable : seul avec lui, je l'interrogeais comme un bon chef de famille, et jamais il ne m'a fallu plus d'une heure pour lui faire avouer son crime, pour lui signifier ma sentence et pour en surveiller l'exécution !.. Vous vous troublez ?..

DURESNEL. Non, j'attends, j'écoute...

JAFFIER. Voici le crime qui a été commis : un des nôtres avait rapporté de ses voyages un trésor d'un prix inestimable ; il le trouvait plus pur que le diamant et l'or : c'était le souvenir de tout ce qu'il avait aimé dans sa jeunesse ; c'était l'espérance unique de ses derniers jours ! il y tenait comme à une religion ; il y tenait plus qu'à la vie !.. L'insensé ! au lieu de garder ce trésor pour lui seul, il consentit un jour à le partager ; et pourtant il n'avait pas légèrement donné sa confiance ; celui qui en recevait une marque si sacrée était le fils d'un ami d'enfance, d'un homme qui avait partagé pendant vingt ans ses joies et ses peines, ses travaux et ses dangers... et qui était mort en lui disant : « Que mon fils devienne le tien ! » Ah ! qu'il soit maudit dans sa tombe pour n'avoir pas deviné que ce fils était assurément le fruit de quelque ténébreux adultère, et qu'il n'avait pas dans les veines le sang d'un homme d'honneur !.. Savez-vous ce qu'a fait ce fils indigne, ce fils ingrat, ce fils infâme ?.. Il s'est entendu avec une bande de larrons et de suborneurs ; la nuit, couvert d'un manteau, caché sous un masque... (il faisait bien de se cacher) il a ouvert, comme un traître, la porte de son foyer, et il a livré le trésor qui avait été commis à sa garde, sous la foi du plus saint de tous les sermens !.. Que mérite cet homme, et quel nom donner à son crime ?.. me le direz-vous ?

DURESNEL. Monsieur, plus le crime est énorme, mieux il doit être prouvé ! la calomnie...

JAFFIER. J'ai des preuves.

DURESNEL. Vous n'en avez pas... je ne suis pour rien dans l'enlèvement de votre fille !..

JAFFIER. Votre conscience vous a donc appris que je parlais d'elle ! Eh bien ! je vous dis que vous l'avez vendue ! le prix de votre silence et de votre infamie était une place de fermier-général ; le marché a été fait par M. de Sartines ! Suis-je instruit de tout ? ai-je légèrement écouté la calomnie ?.. Malheureux ! vous aviez donc oublié qu'entre votre femme et vous il y avait son père ?.. vous ne savez pas que pour défendre son honneur trahi par vous j'ai versé du sang ! vous vouliez me dénoncer, sans doute, et assurer l'impunité de votre première trahison par une trahison nouvelle ! Oh ! ne vous offensez pas de ce soupçon ! mieux eût valu le père sur un échafaud que la fille déshonorée.

DURESNEL. Monsieur !..

JAFFIER. Vous êtes perdu... Oh ! bien irrévocablement perdu, voyez-vous !.. Votre maison est maintenant la mienne... ces portes m'obéissent, ces murs sont à moi....

DURESNEL. Je vous jure...

JAFFIER. Fi donc ! (*Il lui donne la lettre qu'Antoinette lui a remise.*) Connaissez-vous cette écriture ?

DURESNEL. Ma vue se trouble.... Je ne puis...

JAFFIER. C'est la lettre que vous avez écrite à M. de Sartines pour lui rappeler ses conditions... Cette lettre, il l'a laissée auprès de ma fille, afin de la rassurer sur ses scrupules, et de lui apprendre ce que c'était que son mari. C'est une indignité... j'en conviens !... mais que pouviez-vous attendre d'un complice ? Vous vous taisez maintenant... vous ne songez plus à nier l'évidence !.. Un mot, monsieur, je ne vous demande qu'un mot... quel moyen de réparer le mal que j'ai fait à ma fille en liant sa destinée à la vôtre ? Le divorce n'est pas dans nos lois... Même après ce qui s'est passé, vous conservez tous droits et tout pouvoir sur elle... Comment la rendre libre ?.. Vous ne répondez pas ? J'ai pitié de votre stupeur... Prenez cette lettre ; au-dessous de ce que vous avez écrit, j'ai écrit, moi, votre arrêt de mort !

DURESNEL, *tombant sur un siége.* Un assassinat!.. un assassinat!

JAFFIER. Tu mens!.. c'est une justice! Un assassinat!.. mais pour n'être pas justiciable des tribunaux de la terre, ton crime n'est-il pas moins le plus grand des crimes? n'ai-je pas, pour le juger et le punir, tous les droits de la majesté paternelle? Va, j'accepte sans crainte la responsabilité de ton supplice; et, si à mon heure suprême, le sang versé retombe sur moi, je jure que ce ne sera pas le tien.. ... Un assassinat! eh bien! le juge descend de son siége et t'offre le jugement de Dieu pour prouver la bonté de sa cause ; oseras-tu te faire le champion de la tienne? Dis un mot, fais seulement un pas vers ton épée, et, à tous risques, entends-tu? je rends égales entre nous les chances du combat! (*Une pause. Duresnel se cache la figure dans ses mains.*) Tiens! cette épée peut te rendre un dernier service. Je te donne une heure pour régler tes derniers comptes avec la vie et pour recommander ton ame à Dieu.. résigne-toi de bonne grâce à ma sentence, et n'attends pas ceux que j'ai chargés de l'exécuter!..

(Il sort par le fond.)

SCENE VI.

DURESNEL, *seul, et revenant peu à peu de sa stupeur.*

Jaffier!... Jaffier!... Il est parti!... Que voulais-je lui dire? que je n'aurais pas souscrit à ce pacte d'infamie si sa fille, la première, ne m'avait indignement trompé! Est-ce qu'elle a des secrets pour lui? Ne doit-il pas savoir qu'elle aime M. de Mondoville?... Comment la faire libre, disait-il? Oui, libre d'épouser son nouvel amant!... c'est elle!... c'est Antoinette qui me tue!... Oh!... Antoinette!... mourir de ta main!...

(Une porte secrète s'ouvre à gauche dans la boiserie. Antoinette paraît.)

SCENE VII.

ANTOINETTE, DURESNEL.

ANTOINETTE, *pâle et chancelante.* Qui m'a appelée? me voici.

DURESNEL. Antoinette!.... c'est toi?.... c'est Dieu qui t'envoie!... oh! je t'accusais à tort, n'est-ce pas? Quel regard !..

ANTOINETTE. Je sais tout!

DURESNEL. Madame...

ANTOINETTE. Mon père m'avait envoyée chez lui, mais la voiture n'avançait pas...

Marie était troublée en me répondant... j'avais le cœur plein de pressentimens sinistres! une voix, celle de la fatalité, me rappelait ici. Je suis revenue en secret par cet escalier dont j'avais fait faire la clef.. un bruit de paroles m'a frappée... je me suis arrêtée, là, derrière cette porte... j'ai presque tout entendu, sans pouvoir jeter un cri, sans pouvoir faire un mouvement... mourante!... Que disiez-vous donc? Pourquoi cette colère?... pourquoi détournez-vous les yeux?... (*Elle aperçoit la lettre que Jaffier a jetée sur une table.*) Ah! mon père avait raison... vendue * !...

DURESNEL. Madame, nous avons de grandes fautes à nous pardonner l'un et l'autre, et la responsabilité de tout ceci doit retomber sur celle qui, la première, fut coupable !..

ANTOINETTE. Moi, coupable! ah! quand il serait vrai!.. mais, maintenant plus que jamais, il m'importe de me justifier!... Pourquoi je suis allée chez M. de Mondoville? pour obtenir de lui la grâce de mon père, dans lequel il poursuivait le meurtrier de M. de Gondrecourt!.. Vous ignoriez les motifs de la haine que Jaffier porte au nom de Mondoville... Eh bien! c'est qu'il y a eu une rivalité sanglante entre lui et le père de Léonce!... c'est qu'ils ont aimé la même femme!.. Maîtresse de Léonce... moi!... sacrilége!... Mais, monsieur, je savais que j'étais sa sœur!...

DURESNEL. Sa sœur !...

ANTOINETTE. J'en ai des preuves ; mais à quoi bon vous les donner, à vous qui n'avez pas voulu m'accorder une heure pour me résigner à vous dire : « Mon père » est coupable d'un meurtre, et je le dé» nonce! j'ai fait un serment à ma mère, » et je le trahis! »

DURESNEL. Sa sœur!... oui... je vois tout. Je vous ai cruellement offensée ; mais consolez-vous ; votre père vous venge, et je reconnais que ma mort est juste!

ANTOINETTE. Vivez, monsieur, vivez; c'est à moi de mourir!...

DURESNEL. A vous?...

ANTOINETTE. Ce serait de la cruauté que de prolonger mon agonie. Ma vie, c'était mon amour! je ne puis plus vous aimer, il faut donc que je meure!.. O ciel! dire que tout est perdu pour moi!... même le passé!... Vous ne m'avez jamais aimée!..

DURESNEL. Quoi! cela peut vous toucher encore!.. Ah! devant ma mort, et je sens qu'elle est prochaine, devant Dieu, devant vous, je jure qu'il y a dans mon crime moins d'ambition que de vengeance!..

† Duresnel, Antoinette.

Comment j'ai consenti à ce crime, je n'en sais rien ! Il y avait un mauvais génie sur moi, un homme qui m'a fait misérable afin de me faire coupable... qui m'a placé entre deux opprobres... l'un éclatant, l'autre caché, entre une trahison et une banqueroute, et qui est venu me dire : « Choisis ! » J'avais choisi ma ruine !.. mais on m'apprit que vous me trompiez !.. je crus en avoir la preuve, et cela me rendit fou !.. Ayant cessé de croire à vous, Antoinette, j'ai fait bon marché de toutes mes croyances ! Ce que je dis là ne me justifie pas, je le sais ; je n'ai plus de droits à votre tendresse ; mais, si j'osais vous parler de ce passé où nous avons eu tant de bonheur ensemble !.. si je pouvais vous décider à lever vos yeux pour lire dans les miens la sincérité de mes paroles, je crois, Antoinette, oui, je crois qu'à cause de mon erreur, à cause de mes remords, à cause de mon amour, vous m'accorderiez mon pardon !

ANTOINETTE. Son amour !...

DURESNEL. J'ai le droit de vous en parler ; voyez... je ne songe plus à la mort, je ne songe plus à votre père... je suis tout à la joie de vous savoir innocente !... Que je meure maintenant, mon sang expiera mon crime... et vous ne maudirez pas mon tombeau !...

ANTOINETTE. N'appelez pas la mort !.. elle est assez près d'ici !... fuyez... Tenez... c'est par là que je suis venue... c'est l'escalier secret dont je vous ai parlé... mon père ne soupçonne même pas qu'il existe... vous êtes libre !

DURESNEL. Est-ce là tout ce que vous avez à me dire ?

ANTOINETTE. Faut-il dire que je vous pardonne ?... Eh bien ! je vous le dis... je vous le dis... mais mon père ne vous pardonnera pas, lui... sauvez-vous !..

DURESNEL. Je vais l'attendre.

ANTOINETTE. Ah ! vous ne le connaissez pas encore !.. Savez-vous qu'il croit mon bonheur intéressé à votre perte ?... savez-vous qu'il vous tuerait devant moi ?... Fuyez !... Ah ! du sang !...

DURESNEL. Une blessure au bras... je l'avais oublié !...

ANTOINETTE. Blessé ! blessé !... malheureuse !...

DURESNEL, à genoux. Antoinette !... tu m'aimes donc toujours !...

ANTOINETTE. Oui, je t'aime !... oui, je t'aime !... je croyais que mon amour périrait dans cette épreuve, et c'est la plus cruelle qu'il ait pu subir ; mais ta voix m'émeut, ton regard me trouble, ton sang m'épouvante ! je t'aime encore !

(Ils se jettent dans les bras l'un de l'autre.)

DURESNEL. Et moi, je veux vivre pour l'expiation... pour le bonheur...

ANTOINETTE. Oui ; mais pars, hâte-toi ! il me faut du temps pour apaiser mon père, et ce n'est pas en ce moment qu'il est disposé à pardonner !...

DURESNEL. Tu le veux... je t'obéis... et maintenant ma vie t'appartient, Antoinette... si on m'attaque, je me défendrai !..

(Il ramasse son épée et sort.)

SCENE VIII.

ANTOINETTE, seule. Il descend... la porte s'ouvre... elle se referme... sauvé !.. Mon Dieu ! rien n'est perdu ! je puis être heureuse encore ! Oh ! quand le reverrai-je ?... oh ! un dernier adieu ! (Elle ouvre la fenêtre. On entend un cliquetis d'épées.) Ah !... Henri !... et l'autre... (Elle recule.) Mon père !... c'est mon père !... (Elle court à la porte du fond.) A moi !... à moi !... fermée !... (Elle revient à la petite porte.) Celle-ci du moins... mes genoux fléchissent... je ne puis... (Elle tombe à genoux près de la petite porte.) Ciel ! tu es donc plus inflexible que moi !... tu n'as pas pardonné !... le bruit cesse... on monte... qui désires-tu voir, malheureuse ?.. ton mari ou ton père ? Ah ! je ne sais pas !...

(La petite porte s'ouvre ; Jaffier paraît pâle, éperdu.)

JAFFIER. Tu es vengée.... et tu es libre !...

ANTOINETTE. Ah ! mon père, vous m'avez tuée !...

(Elle tombe à ses pieds.)

FIN.

IMPRIMERIE DE Vᵉ DONDEY-DUPRÉ, RUE SAINT-LOUIS, Nº 46, AU MARAIS.